AF314790

Les

MÉMOIRES

d'Achille BUFFIER

PRIX : 12 Fr.

BAYONNE
Imprimerie du " Courrier ", 9, rue Jacques-Laffitte

1927

-:- LES MÉMOIRES -:-

D'ACHILLE BUFFIER

Les Mémoires d'Achille Buffier

I

1853-1860

Bien souvent l'on me dit : « Tu devrais, vous devriez écrire vos mémoires ! » Et d'autres personnes, entendant me donner ce conseil, disent à leur tour : « Il devrait écrire ses mémoires ». A tel point que, presque tout le futur antérieur du verbe : devoir a été employé pour me décider enfin à narrer mes mémoires.

Un ancien magistrat m'a même dit aussi, que je devrais donner un pendant à mon livre intitulé : « *Bayonne en l'an 2015* ».

Eh bien, finalement, je me laisse tenter et vais d'abord faire savoir que c'est à Bayonne, dans ce bon vieux coin de France, que je suis né, en l'an 1853, et que j'ai été apporté... à Guéthary, où je suis demeuré muet jusqu'en 1860, entendant et comprenant fort bien tout ce qui se disait, mais ne répondant que par signes. Ce n'est qu'en 1860, et après avoir consulté une foule de docteurs, qu'un changement subit dû, très probablement, à la rupture de quelque fil, et surtout à une peur que j'eus dans l'escalier et qui me fit beaucoup crier, que je pus prononcer quelques mots.

Pendant longtemps néanmoins, mon articulation demeura difficile.

Il fut heureux, cependant, qu'il en soit ainsi, car je devins assez bavard pour que ma mère qui ne me quittait pas des yeux, puisse me dire : « Comme tu te rattrapes ! ».

Plus tard, lorsque je devins acteur, elle me dit encore : « Comme tu t'es rattrapé ! » Donc, presque guéri de cette infirmité, je rentrai à Bayonne en 1860, bien après la triste mort de mon père qui perdit son navire à l'île de la Tortue, (en face de Puerto-Rico (Antilles) et put avec son équipage et quelques voyageurs, être vu d'assez loin par un navire anglais appelé « Isabelle » se rendant à la Guayra (Vénézuela).

Mon père et tous ses gens purent alors quitter le radeau sur lequel ils voguaient depuis deux jours, sans le moindre espoir de se sauver et, de plus, par un temps affreux, disait la relation enfermée dans un étui de fer que mon père jeta à la mer et qu'enfant j'ai pu lire. Mais cet étui disparut et je ne sus jamais pourquoi.

En somme, ce navire anglais recueillit tout ce monde, mais mon père disparut. Aussi dans ma famille, l'on resta bien convaincu qu'il fût assassiné et jeté à la mer, car le commandant de ce navire anglais, n'annonça jamais à son arrivée au port de la Guayra, qu'un passager, fût-il rentier ou capitaine au long cours échappé d'un naufrage, avait trouvé la mort, durant la traversée.

Mon père n'avait pas trente ans et j'avais quatre mois. Il savait que j'existais, mais ne me vit jamais.

II

1860-65-66

De mon enfance je ne me souviens que des magnifiques
époques auxquelles l'Empereur et l'Impératrice séjournaient
à Biarritz, entourés de la Cour, de la Garde Impériale et des
Cent-Gardes.

Quelle magnificence l'on déployait alors à Bayonne afin
que Napoléon III vint le 15 Août, passer en revue, sur la
place d'Armes, les troupes de la garnison de Bayonne et
décorer des officiers, ainsi que de notables bayonnais.

Il me semble être encore à la Cathédrale, au Te Deum
chanté en l'honneur d'Isabelle II, reine de toutes les Espa-
gnes et de Napoléon III, empereur des Français.

L'effet fut superbe !

Le Clergé, dais en tête, attendait au vieux porche en face
l'Evêché, les Souverains qui, lorsqu'ils descendirent de voiture, se mirent sous le dais en se donnant la main, pendant
que le Clergé qui les précédait, les conduisait au maître-autel,
où ils s'agenouillèrent.

Je me souviens aussi, qu'après le Te Deum, je courus au
vieux porche, afin de voir sortir les Souverains et que la
robe bouffante de tulle noir que portait la reine, grande et
très forte femme, passa sur mon visage ; il me semble encore
ressentir la douceur du tissu.

On remarqua, pourtant, que Monseigneur Lacroix, Evê-

que de Bayonne, s'abstint de recevoir la Reine et l'Empereur et même d'assister à la cérémonie. Mais il ne passait
pas pour un bonapartiste et il le fit bien voir en ce grand
jour de fête, où tous les magasins, banques et ateliers demeu-
rèrent fermés, malgré que ce fût un vendredi. Puis, les souverains, salués et acclamés par une foule en délire, partirent
pour Biarritz ou pour la Négresse, le bruit courant que la
Reine d'Espagne ne pouvait s'absenter du royaume qu'un
jour, sous peine de ne pouvoir plus rentrer dans ses Etats.

Je vois toujours aussi la belle Impératrice Eugénie en
breack avec la Cour et se rendant au *Solon*, bâtiment de
guerre, ancré à l'entrée des Allées-Marines.

Presque toujours vêtue de bleu à tonalités différentes,
jolie comme un amour de Velazquez ou de Murillo, avec
quelle grâce elle prenait le bras du Commandant du bord,
afin de traverser la passerelle !

Mais on ne vit jamais l'Empereur aux Allées-Marines,
s'apprêtant à monter au *Solon*. Je le vis cependant à Bayonne,
à la rue d'Espagne, conduisant au pas un délicieux phaéton.
Il devait être déjà bien malade, ayant un teint couleur de
cire blanche.

Et je vois aussi le Prince Impérial vêtu de velours, avec
un superbe col Louis XIII et chaussé de petites bottes.

Mais quelle peine ne ressentis-je pas à Ajaccio (Corse),
en entrant dans l'étage où naquit Napoléon Ier, en voyant
un petit cadre qu'on vendait bien quatre sous dans les ba-
zars, contenant le portrait aussi grand qu'une carte postale
de l'enfant impérial tué par les Zoulous. Il était accroché à
un mur badigeonné de blanc, à côté du lit de Napoléon
dépouillé de ses draps, matelas et paillasse et ne contenant
plus qu'un vieux treillis de bois, sur lequel, après y avoir été
autorisé par le concierge, je m'étendis seulement trois secondes, histoire d'avoir frôlé le lit d'un si grand homme.

III

1870 -- Pendant la Guerre

Ce fut cette année là, époque encore mémorable, que la guerre fut déclarée par la France, qui ne voulut à aucun prix qu'un prince Hohenzollern de Prusse aille, de par la volonté du Prince de Bismarck et de son royal maître le vieux Guillaume 1er, régner en Espagne.

... Et quel lendemain de déclaration de guerre vîmes-nous à Bayonne ? Les soldats français emplissant les rues d'Espagne et de Sabaterie, devant le campement, de matelas, de draps de lit, en chantant à tue-tête, surtout la *Marseillaise*, qui fut autorisée en pleine monarchie.

Mais quelques jours plus tard, la guerre commencée, le général Douai défait à Sarrebruck, il fallait voir tomber ces télégrammes, surtout un des premiers, pendant la descente des Prussiens sur Verdun, conçu en ces termes « Les canons Krupp surtout, nous font beaucoup de mal ».

Signé : Eugénie.

Ah ! je le lis encore ce triste télégramme, affiché tout près du grand portail de l'Hôtel de Ville, qui doit assurément le conserver précieusement, étant signé d'une Impératrice, le seul qu'elle ait fait parvenir à Bayonne. Mais quelque temps après, un plus heureux disait que le Mans venait d'être repris par le Général d'Aurelles de Paladines et l'on sait que Guillaume 1er, après cette bataille avoua qu'il avait failli perdre la guerre.

Je n'ai jamais vu le général d'Aureiles, dont un des petits fils, le Comte d'Aurelles de Paladines, a épousé la fille de Jean Léglise, homme charmant et qui n'hésita pas à s'engager pour la grande guerre de 1914, où il fut fait prisonnier en Bulgarie. Atavisme, dira-t-on certainement, étant petit fils du Général Ripert.

Mais j'ai vu le frère du général d'Aurelles de Paladines et dans un lieu qui m'impressionna fort. C'était un dimanche. A Toulouse, à ce moment-là, j'eus la fantaisie d'aller prendre un bain d'air du coté de Blagnac, village situé non loin de ce Capitole dont Toulouse est jalouse, vieux monument, unique assurément dans notre chère France. Suivant donc le chemin qui devait m'y conduire, j'aperçus, non loin et à ma gauche, un portail gigantesque entièrement ouvert. J'y entrai et me trouvai devant un haut grillage, partant du sol boisé au plafond auquel il semblait vissé ; et au bas du portail était agenouillé un vieux prêtre.

Très surpris et voyant une femme qui priait, j'allai lui demander si j'étais dans un couvent.

« Oui, répondit-elle, c'est celui des Trappistes et le prêtre que vous voyez en prière, est le frère du Général d'Aurelles de Paladines, habitant le couvent ».

Puis, presque au même instant, quand avec intérêt je songeais au général, à son brillant passé, à la grande bataille qui se livra au Mans et qui vint, comme un baume, soulager les Français, leur donner quelque espoir pour le succès final, un moine presque géant, tout vêtu de blanc et capuchon en tête, entra dans la chapelle d'un pas onctueux, s'approcha de l'autel, en baisa les marches et s'agenouilla avec une grandeur et un recueillement impossibles à décrire et que je n'oublierai de ma vie, pas plus que le moment où il se releva.

Et ému d'assiter à un tel spectacle : « Mon Dieu ! me dis-je, à quelle incommensurable hauteur devez-vous être, pour inspirer à ces hommes une telle piété ? ...

Durant la guerre de 70 il fallait voir partir pour Tours et autres lieux, cette garde mobile, cette belle jeunesse, pour la plupart vêtue de blouses de coutil et chaussée d'espadrilles, sans chaussettes, avec un froid terrible et une pluie abondante, (car en 1870, l'hiver fut très rigoureux) pour aller encore dans des pays plus froids.

Oh! le triste spectacle de tous ces pauvres gens ignorant presque tous la langue française!

On essaya bien de leur donner du cœur, du courage, en organisant partout des réunions publiques le soir à neuf heures où Lerembourc, Esgaris, et tant d'autres, prêchaient à qui mieux mieux une levée en masse. Des registres étaient même placés devant les orateurs, invitant vieux et jeunes à s'inscrire au plus tôt, afin d'aller porter, fusil en main, secours à tous nos frères, épuisés par le froid et les canons prussiens, à tel point que le Chicou, entendant ces paroles' répondit aussitôt : « Ne baillats qu'ün fusil ? Qu'eus ün canoun qu'eun caou! » Par exemple, l'on ne sut jamais de quel canon il voulut parler, en ayant bu beaucoup durant son existence, mais de vin seulement !

L'on forma aussi la Garde Nationale, ainsi qu'on l'appelait dans les temps précédents et qui, cinq fois au moins par semaine, manœuvra chaque soir dans la halle défunte au sommet de laquelle se trouvait la cloche du feu et où se trouve aujourd'hui , le Palais de Justice. Ah! il fallait la voir, le dimanche surtout, se rendant en musique au vieux champ de manœuvres, afin de défiler devant le colonel Cassaigne, avec cavalerie en tête, composée de tout ce que Bayonne possédait de plus huppé. Gros rentiers, retraités et gros industriels, vêtus élégamment et montés à leurs frais sur des chevaux superbes. Les d'Arcangues, les Labat, de Larralde et tant d'autres.

Je vois surtout celui qu'on appelait toujours et à très juste titre le bel Alexandre d'Arcangues, sur un beau cheval blanc, digne d'un officier qu'il était je crois. Il ne fut point le seul dans toute sa famille, car j'entendis conter par mes parents, qui logeaient sur le quai Galuperie (dont la maison donne au numéro 6, de la rue Bourgneuf et où je vis le jour), de draperies parlantes qu'installaient tour à tour aux volets et balcons de leur demeure, deux jeunes gens s'aimant, afin de converser à l'aide de couleurs.

C'était presque en haut de la maison du quai Galuperie, située bien en face de celle des d'Arcangues, qu'habitait le brillant capitaine le Mordan de Langourian. L'entente dut être conclue, car le capitaine fut demander la main de Mademoiselle d'Arcangues : il lui fut répondu, qu'il veuille bien attendre que ses épaulettes soient mieux garnies.

Ce refus cependant ne dut pas paraître définitif au capitaine, car il demanda à quitter Bayonne sur l'heure et ne revint que comme chef de bataillon, afin de redemander la main de Mademoiselle d'Arcangues qu'il épousa. Il mourut général et châtelain du côté d'Ustaritz.

IV

Paris 1871

La paix enfin signée, je partis à Paris vers la fin de Novembre 1871, afin de concourir aux examens d'admission de l'Ecole des Beaux-Arts. Je laissai mon bagage en gare d'Austerlitz et m'en fus à pied jusqu'à la Bastille, anxieux de voir ce Paris dont j'entendis tant parler et m'arrêtant près du faubourg Saint-Antoine, j'entrai dans un restaurant, dont l'enseigne portait : « A la Moule sans pareille » ; aujourd'hui encore, il subsiste, identique à celui que je connus en 1871, mais portant cependant un autre nom : « A la bonne friture ». Cette nouvelle enseigne permet de supposer que des moules d'un tout autre genre ont dû fréquenter ce restaurant, et que, pour éviter la confusion, l'on a préféré changer le nom du restaurant !

Et chemin faisant j'arrêtai ma chambre non loin du restaurant et j'allai jusqu'au Louvre en longeant la rue de Rivoli, où une quantité de magasins en cendres offrait le plus triste spectacle. Je revins par le Boulevard Magenta tout dépavé encore, puis rentrai à l'hôtel, en longeant le Boulevard Beaumarchais, heureux d'avoir vu un peu Paris.

Devant voir aussi d'excellents amis bayonnais, dont l'un faisait sa médecine et l'autre était élève à l'Ecole polytechnique, j'allai à pied le lendemain, curieux de tout voir jus-

qu'au quartier latin, où réunis tout deux et contents de me
retrouver, ils me firent dîner avec eux.

Tout se passa fort bien dans un restaurant du Boulevard
St-Michel et nous prîmes le café à la Brasserie du Bas-Rhin,
remplie d'étudiants, dont plusieurs étaient installés dans le
salon du fond, où l'on exécutait au piano, le concerto en «la»
de Hummel. Je demandai à mes amis s'ils ne désiraient pas
entendre de près la fin, et nous fûmes tous trois au salon du
fond, où quelques étudiants connaissaient mes amis. Le jeune pianiste qui acheva de jouer très brillamment le concerto
regagna sa place qui se trouvait à la grande table où nous
nous assîmes, quand le polytechnicien me dit : « Mais toi
qui chantonnes un peu et, nous le savons, bien, tu devrais
nous chanter une romance, si petite soit-elle ; cela nous fe-
ra plaisir, »

Là-dessus, tous les étudiants entendant ces paroles, me
prièrent gentiment de me mettre au piano. « Non, non s'é-
cria celui qui joua du Hummel, qu'il commence à chanter et
après quelques mesures, je l'accompagnerai en plaquant,
s'il le faut, des accords dans le ton du morceau, et vous verrez
que ça ira fort bien ».

J'entonnai donc assez ému, devant un auditoire peut-être
gouailleur, la célèbre romance de l'*Eclair*, d'Halevy : « Sans
espérance mieux vaut mourir » et j'achevai le premier couplet au milieu d'applaudissements répétés et de l'étonnement
de ces jeunes gens, qui me demandèrent le deuxième couplet ;
celui-ci me valut encore une ovation, après laquelle un étudiant se leva en me disant : « Ce n'est point peintre, rapin,
que vous devez être, mais chanteur et acteur. Et si vous
ne prenez pas cette décision vous manquerez sûrement à votre vocation ».

J'avoue que ce conseil si franchement donné me laissa bien
perplexe, car j'aimais autant chanter que peindre portraits,
paysage ou sujet d'histoire, ce qui était mon rêve en allant
à Paris : devenir un grand peintre d'histoire et égaler Rubens,
Paul Veronèse, Rembrandt, Puvis de Chavannes... et tant
d'autres !...

Il me vint cependant l'idée d'aller savoir d'abord la date
des concours d'admission au Conservatoire National de Mu-

sique. J'y allai, mais ils avaient déjà eu lieu le 25 octobre et nous étions en fin novembre.

Ce premier pas fut donc un fâcheux contre-temps. Mais ne me désespérant pas, j'essayai de savoir au faubourg Poissonnière (où se trouvait le Conservatoire), s'il n'existait pas un établissement où se rencontraient les élèves des classes de chant et de déclamation. « Mais à la crémerie, en face de vous, me dit un épicier. Vous les verrez tous là manger des brioches arrosées de lait en cassant du sucre sur le dos des chanteurs ! »

J'entrai donc dans ce qu'on pouvait appeler une véritable boîte, demandai un noir, petit bol de café que l'on payait deux sous et après m'être assis et avoir bien regardé la tête de ces futurs ténors, barytons, basses, tragédiens et comiques, je demandai à l'un d'eux quels étaient à Paris les professeurs de chant auxquels un grand novice pouvait vraiment s'adresser. « Il y a, dit-il, le célèbre ténor Duprez et les grands ténors Roger et Puget, les plus grandes étoiles que l'Opéra ait eues ».

Et qu'êtes-vous, ténor ?

— Ah ! je n'en sais trop rien, répondis-je. On croit m'avoir donné un excellent conseil et je voudrais le suivre.

— Montez-vous facilement ?

— Cela dépend des jours.

— Descendez-vous au do au-dessous des portées ?

— Assez facilement.

— Cependant me dit cet élève du Conservatoire, chanteur très probablement, votre timbre de voix en parlant ne décèle pas une voix de basse, loin de là.

Eh bien, allez trouver le ténor Puget que j'apprécie beaucoup et dont le grand talent égale celui des autres. Il habite je crois à l'avenue Trudaine tout près du Cirque Fernando. En passant, je vous souhaite, quand vous serez artiste, le brillant mariage que le fils Fernando écuyer, va bientôt contracter ! »

Et, à pas de géant, avec la plus grande hâte je fus visiter le ténor Puget que je trouvai seul.

Naturellement je commençai d'abord avec de grands détails, à lui conter la soirée de la veille et le conseil qui m'avait été donné mais il m'arrêta net, en me disant : « Allons, va

droit au but ». Et se mettant au piano, il me dit encore :
« Chante-moi donc l'*Eclair*, cette tendre romance ? » J'en
chantai un couplet qu'il écouta attentivement et lorsque
vint le contre ré marqué sur : espérance, il me cria : « ça y
est !... »

De quel pays es-tu ?

— De Bayonne.

— Ah ! Diable ! berceau de Barroilhet, Balanqué et Jun-
ca. Ce furent de bien grands artistes ! Mais ta voix de ténor
est bien méridionale... Tu mues encore un peu (j'avais alors
dix-sept ans), mais elle a l'étendue du pur ténor léger d'o-
péra-comique. »

Et Puget continuant fort gaîment à me questionner me
demanda :

— Comment vis-tu à Paris ?

— Je n'y suis que depuis deux jours.

— Possèdes-tu au moins de quoi y vivre ?

— Ma mère m'enverra ce qu'il me faudra.

— As-tu l'intention réellement de devenir acteur ?

— Heureux si je le peux dis-je. Mais je ne pourrai payer
bien cher mes leçons.

— Ne t'occupe donc pas de cela pour l'instant. Nous sommes aujourd'hui samedi, tu viendras donc lundi à onze heures précises du matin. »

Je voulus le remercier d'un aussi bel accueil, mais d'un paternel geste qui ne veut pas en savoir davantage, il me re-
conduisit jusqu'au seuil de sa porte, en me serrant affectueu-
sement la main.

Evidemment cette entrevue, cet horizon nouveau, me sé-
duisirent, mais comment annoncer cela à mes parents ? Bah !
me dis-je, dans trois ou quatre jours je leur narrerai une assez longue blague qu'ils avaleront bien, ma bonne mère surtout.

Et là-dessus, je montai au faubourg Montmartre pour tomber sur les grands boulevards qui me ravissaient par le luxe
étalé dans les magasins et par les étrangers d'alors. Car ce
Paris immense aujourd'hui (et je l'ai parcouru il y a deux
ans à peine) n'a plus rien de commun avec le Paris de 1871-
72-73 jusqu'en 1890, si aristocratïque et si élégant, même
après la Commune de 1871 ; car l'on n'aurait point dit, qu'un

tel événement joint à la triste guerre dont nous sortions à peine avait jamais eu lieu tant on y pensait peu.

Le Paris d'aujourd'hui a pu se reporter vers Montmartre et aussi vers l'Etoile ; mais malgré ces nouveaux quartiers, construits par l'étranger de toutes les nations, pour y festoyer à l'aise, éclabousser les gens et épater le monde en jetant l'or au vent, le nouveau Paris ne pourra posséder les établissements ni les vastes trottoirs et terrasses des Boulevards Montmartre jusqu'à la Madeleine, où se rencontraient les plus vraies élégances, le meilleur ton, en un mot le plus beau monde vraiment parisien et bien français, indemne du faux luxe étalé aujourd'hui. Au reste, les vieillards ayant connu ces temps inoubliables, le disent assez haut. Ces grands boulevards autrefois si brillants, fréquentés comme ils le sont ne ressemblent plus guère, qu'à une partie quelconque de nos plus grandes villes. Et pour n'en citer qu'une : voyez la Cannebière dans la vieille cité phocéenne ? On ne peut y passer un peu à son aise et s'y promener que lorsque la journée est bien près de finir, tandis qu'il y a encore vingt ans c'était un charme que d'habiter Marseille...

Deux jours se passèrent pour moi à attendre avec la plus vive impatience l'heure de la première leçon, que je reçus en compagnie d'un élève dont, quand c'était mon tour de chanter, je répétai les mêmes exercices sur la voyelle i que l'élève employait. Et Puget me disait lorsque je m'apprêtai à bien prononcer cet i : «Baisse bien la tête, surtout en montant par tons et demi-tons. N'oublie jamais cela, car ça te donnera un bel A bien timbré et de plus, de la sonorité sur toutes les voyelles et en particulier dans les fermées. »

Ah! je l'entends toujours ce grand maître ténor, faire sa démonstration en chantant l'acte de l'anathème, du si bel opéra *Lucie de Lammermoor*. Il vous impressionnait, tant il était artiste et vraiment humain.

Et l'on parle aujourd'hui de chanteurs dramatiques ?

Allons donc! ils n'existent plus auprès de ces gens-là, héritiers du talent et des belles traditions que possédaient Duprez, le grand baryton Barroilhet, grand oncle de l'avocat et premier adjoint au maire Simonet. Et le chanteur Alfieri que Jean-Jacques Rousseau dans son dictionnaire musical,

cite comme le chanteur ayant accompli au dix-septième siècle, le plus grand tour de force vocal qu'on ait jamais entendu ?...

Son admirable voix possédant paraît-il deux octaves bien
complètes de l'ut d'en bas à l'ut au-dessus des portées, il tril-
lait en partant de l'ut d'en bas diatoniquement et chroma-
tiquement jusqu'à l'ut au-dessus des portées, et descendait
de même par tons et demi-tons d'un voix extrêmement
belle et pure, en trillant merveilleusement sur chaque note.

Jean-Jacques Rousseau ne nous dit pas, cependant, comment il chantait un andante. Cela nous aurait vivement in-
téressé.

C'est comme les tragédiens, comédiens et comiques.

Les générations présentes et futures verront-elles jamais
un Talma ? ce tragédien génial ami de Napoléon Ier qui l'ad-
mirait et qui, comme on le sait, lui dit un jour : « Je te ferai
jouer devant un parterre de rois ».

Ce grand Talma d'après la comédienne Georges qui fit
sa biographie et interpréta des rôles à ses côtés, était le
tragédien le plus extraordinaire et le plus éblouissant qui
ait jamais interprété Racine et Corneille.

Dans l'action surtout pathétique et emportée, n'étant plus
maître de lui, quoique demeurant vrai et absolument humain, il en oubliait école et diction impeccable ; il ne voyait
plus rien.

Et lorsque Rachel parut au Théâtre Français à Paris vers
1850, la presse française qui dit qu'elle fut parfaite, dès son
apparition, regretta fort que cette tragédienne illustre entre
toutes, ne se trouvât pas à la Comédie Française avec Talma.
Mais ces talents immenses, ces natures extraordinaires, ne
se rencontrent jamais à la même époque.

Un vieil acteur de drame qui possédait beaucoup de talent, le père de Saint-Léger, me conta qu'à Lyon il donna un
soir la réplique à Rachel dans une tragédie et qu'après la ti-
rade de cette tragédienne s'adressant à lui, il fut tellement
impressionné par cette femme, que non seulement, il avait
oublié ce qu'il avait à dire, mais qu'il demeura sans paroles,
au milieu des trépignements de la salle et des ovations s'a-
dressant à Rachel : celle-ci le bras tendu, menaçant, vers de

Saint-Léger, n'inclina jamais la tête afin de saluer le public émerveillé jusqu'à la chute du rideau.

Verrons-nous aussi un Coquelin aîné, l'acteur rêvé de Cyrano, de Don Cezar de Bazan, de Ruy Blas, du Mariage de Figaro, des Précieuses Ridicules de Molière et du Juif polonais, rôle dramatique où il déployait une puissance inouïe, possédant toutes les notes ?

Et Cyrano, rôle dont il avait la compréhension absolue, jointe à une fantaisie inimitable, car l'acteur Jean Daragon qui joua ce rôle après lui à la Porte St-Martin avait bien la compréhension du rôle de Cyrano mais n'a jamais eu la fantaisie de Coquelin. Au reste aucun Cyrano ne l'a eue, pas même Le Bargy, étoile de la Comédie Française.

Ah ! l'on peut s'écrier : C'est beau un grand acteur qu'on peut coter bien au-dessus d'un grand chanteur !

. . . .

Et pour revenir à ce petit travail sur la voyelle i, qui devait assurer à ma voix l'égalité de son et appeler le timbre, je me dis en sortant de chez le ténor Puget :

« Etre chanteur, c'est bien, mais il faut que j'écrive à ma mère ! » Et j'eus l'heureuse idée de libeller ainsi ma lettre, en tremblant un peu cependant, car j'allais raconter la plus vaste des blagues.

Je commençai donc ainsi : « Ah ! ma chère maman. Paris étant encore en cendres et presque dépavé dans quantité d'endroits, j'ai la douleur, mais ne t'attriste pas, de te faire savoir que je viens de tomber dans une excavation. Boulevard Magenta, que j'ai le bras foulé et l'index de la main fort blessé. On me soigne fort bien, mais il m'est impossible de dessiner ou peindre, au moins de quelques jours. Je vais donc profiter de ce repos obligé, à mon très grand regret et essayer de faire un peu de bonne musique que j'aime à la folie, tu le sais fort bien, et chantonner au très vieux clavecin de ma propriétaire. Mais ce qui m'ennuie fort, c'est que je ne pourrai que plaquer des accords avec la main gauche, le bras et l'index de la main droite étant malades... »

Cette lettre expédiée et afin de pouvoir faire mes exercices, j'achetai près du Temple, chez un très vieux luthier, un harmoni-flûte que je fis transporter dans ma petite chambre située près du Panthéon.

Je commençai donc à faire le matin l'exercice sur i afin d'être bien prêt pour prendre ma leçon, lorsque j'entendis, pendant que je chantais, des cris assourdissants dans l'escalier. Surpris de ce tapage je sortis de ma chambre et qui vis-je en chemise au bas de l'escalier ? Deux étudiants criant à tue-tête : « Ce qu'il nous en..., ce type-là, avec ces i. Qu'on le f... à la porte, car on ne peut dormir. »

Je me tus un instant et recommençai, en faisant moins de bruit ; mais le surlendemain trois étudiants furieux frappèrent à ma porte, me sommant de me taire le matin et ajoutant : « C'est à devenir fou, d'entendre ces arpèges, ces gammes sur i et encore le matin ! »

« Et vous Messieurs, leur répondis-je en ouvrant franchement ma porte, croyez-vous qu'il soit bien agréable d'entendre pérorer à haute voix durant de longues heures et encore la nuit, en vous accompagnant du bruit de verres et bouteilles ? Ayez donc pitié de ceux qui ne pouvant se reposer le jour, dorment toute la nuit, vous qui ne les passez qu'en longues veilles et parfois en brûlantes insomnies. »

Depuis ce jour-là, cependant, après avoir eu soin de tapisser ma porte avec une couverture de voyage et de vieux vêtements, on m'entendait bien moins, ce qui n'empêcha pas un nouvel étudiant de venir me trouver au moment de sortir, en me disant d'un ton plaintif : « Oh ! je vous en supplie, chantez un peu plus tard, car moi qui suis sujet à de fortes migraines, ces sons toujours sur i me font beaucoup souffrir ! » Allez, soyez tranquille, lui dis-je, en souriant et en passant par mégarde ma main sur son énorme bosse, qui sans m'en douter, m'a peut-être parfois porté bonheur, je chanterai plus tard. »

Ainsi tout allait fort bien. Jusqu'à mon professeur bon comme du bon pain, comme on dit à Bayonne, qui me conta qu'il avait fait une démarche heureuse auprès du directeur de l'Opéra-Comique et que je pourrais, tous les jours, si je le voulais, assister dans la loge des élèves de chant, aux représentations.

« Ce sera pour toi une excellente étude, car tu entendras, surtout en ce moment, de superbes artistes. Cela te formera et laissera dans ton jeune cerveau, une impression profonde qui t'aidera beaucoup à faire une bonne carrière, à devenir un excellent acteur ayant enregistré les belles traditions de tous ces grands artistes. »

En effet, qui entendait-on à l'Opéra-Comique en 1871 ? La célèbre Galli-Marié, la créatrice idéale du role de Carmen qu'aucune autre chanteuse n'a pu imiter ni remplacer. Une seule peut-être avait un peu sa magnifique voix, qui chanta ce rôle à Cannes il y a quatre ans. Et comme je savais qu'un de mes bons amis espagnol y assistait, l'ayant aperçu même dans une loge, je lui demandai le lendemain son impression sur Carmen. « Que veux-tu mon cher, me répondit mon ami Pepito de la T., je ne comprends pas le rôle de Carmen joué par une grande femme quelque talent qu'elle ait. »

Et qui entendait-on encore ? La Miolan Carvalho, chanteuse admirable, parfaite, dont le point d'orgue de sa valse du premier acte de Roméo et Juliette était un vrai feu d'artifice, de vocalises, tant il était éclatant. Et les ténors Lhérie, Talazac, Monjauze, Montaubry, chanteurs diseurs et acteurs de tout premier ordre, et qui n'ont jamais été remplacés.

Et à l'Opéra, le baryton Faure, surnommé à Paris à cette époque et par le *Figaro* principalement : le Baryton-Soleil. De ma vie je n'ai entendu plus beau chanteur ni vu en scène plus bel acteur lyrique. Au second acte de la Favorite, au passage : « Pour tant d'amour ne soyez pas ingrate » la salle entière applaudissait discrètement pendant qu'il chantait, tellement ces phrases étaient ballonnées, admirables à entendre. C'était un étonnement général. Sait-on encore que jamais un baryton n'a pu exécuter le point d'orgue qu'il faisait dans la chanson à boire d'Hamlet, au 2e acte ? Un premier prix de chant du Conservatoire de Paris, le baryton Vaillant-Couturier, père du député communiste, vint en Belgique donner une représentation d'Hamlet. Je lui demandai s'il faisait le point d'orgue de Faure dans la chanson à boire. « Je le fais, j'essaie de le faire après l'avoir étudié plus de dix mille fois mais il est bien loin de valoir celui de Faure. Au reste je le répète encore. » Ce n'est pas pour rien que le compositeur Meyerbeer a dit que de mille ans peut-être et probablement jamais, il ne paraîtrait deux chanteurs aussi parfaits que la Miolan Carvalho et Faure. J'ai ouï-dire aussi par ceux qui ont entendu Barroilhet et Faure que la voix et le foyer de Barroilhet étaient plus grands.

On comprend aussi qu'à cette époque on allât au théâtre pour entendre un acteur, ainsi qu'on le faisait lorsque par exemple le grand Frédéric Lemaître, acteur génial, jouait Don Cezar de Bazan, l'Auberge des Adrets, où il jouait Robert Macaire à transporter la salle entière ; et Paulin-Menier dans Rodin, du Juif-Errant ou dans Choppard, du Courrier de Lyon, dont il fit deux types inimitables. Et encore Marie Laurent dans les Chevaliers du Brouillard et la Voleuse d'enfants, où elle était sublime de réalité.

Maintenant, on semble aller au théâtre pour entendre réciter un libretto, une pièce, sans s'attacher à l'interprétation hors ligne d'un véritable acteur ni à une interprétation quelle qu'elle soit, fût-elle bonne ou mauvaise. A quoi devons-nous cela ?

. . . .

V

Du Mathématicien aux Communards
et à la Lanterne

Durant ces études, je voyais souvent la fille du tuteur de mon père, mariée à Paris, qui me contait toujours les horribles derniers jours de la Commune, en s'écriant : « C'était à devenir folle, d'entendre le bruit que fit l'explosion de la poudrière de l'Ecole des Mines, la fusillade de la rue Royer-Collard et du Luxembourg qu'on entendait d'ici, de la rue Saint-Jacques, et finalement l'exécution de Raoul Rigault ».

Je reçus alors de ma mère une fort bonne lettre pour Monsieur Dacosta mathématicien réputé et professeur au Collège des Jésuites de la rue de Lhomond à Paris qui fut prisonnier à l'Orangerie de Versailles avec ses quatre fils, dont le dernier fut condamné à la peine de mort et gracié n'ayant pas accompli ses vingt ans.

Que faire ? Ne pas lui remettre cette lettre ? Je ne le pouvais. Et j'avoue que je fus reçu par lui et sa femme en pur Bayonnais, Monsieur Dacosta ayant épousé une excellente basquaise Marie Officialdéguy.

Je savais aussi qu'il adorait Bayonne, qu'il y venait souvent et qu'il était apparenté à la famille Dithurbide, dont un des fils du maître-voilier de ce nom, avocat, avait reçu de

ses amis à cause de sa tournure élégante, le surnom de Prince.
Et puis au cours des nombreuses invitations dont j'étais accablé par cette famille, que d'anciens communards, ma foi
très amusants et on ne peut plus sympathiques, n'ai-je pas
rencontrés dans cette belle demeure, ouverte à tout le monde
et de façon si patriarcale ?

J'y vois toujours cette pauvre Madame Marroteau, très
grande dame, ne semblant même pas se sentir dans son vrai
milieu et dont le fils, Gustave Marroteau, fut, sous la Commune, Directeur-Rédacteur du journal rouge-sang « le Père Du-
chêne » et condamné à être fusillé. Mais il fut gracié ayant à
peine 21 ans et alla finir ses jours à Cayenne où il mourut peu
de temps après.

J'y vois encore, Clorinde Ferré, dont le frère fit exécuter
l'Archevêque de Paris et qui fut, lui-même, exécuté à son
tour à coups de fusil. Puis Elysée Reclus, nous invitant à
tous, en ardent socialiste qu'il était, à manger seulement la
soupe et le bœuf, ce qui fit dire au farouche Desmoulins,
communard aussi : « Oh! que nous manquerons d'entrain
pour causer des méfaits de tous ces Gallifet et de toutes ces
fripouilles.

— Mon cher ami, répondit Reclus : Ce sera ainsi. Et puis,
parlons franc! Etes-vous socialiste ou non ? Songez-vous au
moins que beaucoup de pauvres diables n'en auront pas autant à se fourrer dans le coco ? »

Et ce soir-là, on acheva la soirée, en donnant lecture du
journal *la Lanterne* arrivé d'Angleterre, et imprimé sur les
feuilles d'un tout petit cahier de papier à cigarette Job.

On rit beaucoup tant il contenait de verve satirique contre nos dirigeants d'alors, mais on rit davantage encore, lorsque Desmoulins lut qu'on demandait toujours à Henri Rochefort, alias Henri de Rochefort Marquis de Luçay, pourquoi il ne portait plus sa particule. Et Rochefort écrivait :
« C'est de Pène qui me l'a volée. »

On sait que ce de Pène était un des Rédacteurs du *Figaro*.
Ce ne fut pas tout cependant. Ces soirées parfois si abracada-
brantes ne devaient pas m'empêcher d'achever de mon mieux
mes études de chant et de diction, car mon professeur connaissant le ténor Genevois, né à Urt, nommé directeur de
l'Opéra de Genève, me fit engager par lui.

Mais comme il fallait que je commence ma carrière avec au moins dix rôles bien sus, je revins à Bayonne, les professeurs de chant et surtout ceux du calibre de Puget n'enseignant aucun rôle du Répertoire. Le bon Van Gelder pianiste et musicien de valeur m'aida à les apprendre. Sa femme même, la grande chanteuse Julian, qui créa à l'Opéra de Paris *Jérusalem*, me donnait parfois la réplique, malgré la surdité dont elle était atteinte ; et ma mère me fit répéter tous les dialogues que contenaient ces opéras d'une façon telle, si personnelle, que jamais je n'ai pu changer quoi que ce soit à ses indications. Versée dans la carrière théâtrale, elle eût fait une tragédienne peut-être géniale tant elle possédait au plus haut degré et sans s'en douter la notion du théâtre.

$$\text{❦❦❦❦❦❦❦❦❦❦❦❦❦❦❦❦❦❦❦❦❦}$$

VI

De Genève à Auguste, à la Voltige
et à la Rotonde

Donc, après que ma mère m'eut bien fait répéter le dialogue de mes dix rôles, et qu'elle m'eut dit encore : « Tu veux donc être acteur ? ... » je partis pour Genève atteint d'une jaunisse qui me donnait, à la lumière, un teint du plus beau blanc qui me fit prendre par mon Directeur, pour quelque reporter : « Mais je suis le second ténor léger des premiers, dis-je ».

— Vous sentez-vous au moins bien portant ?

— Mais certainement.

— Et comment avez-vous attrapé pareil teint ?

— Ah ! je n'en sais rien ! »

Et, prenant son calepin, Genevois écrivit quelques mots qu'il mit sous enveloppe, en me disant d'un ton assez sec. « Allez de ma part chez le médecin du théâtre, car vous me faites peur. Arriver dans un pareil état, dit-il en s'asseyant c'est épouvantable ! »

J'eus cependant l'heureuse chance de rencontrer le docteur, qui dressa aussitôt une ordonnance qui eut le privilège de roser un peu mon teint jaune safran et de rendre, à la fois, mon humeur bien moins triste car je broyais du noir.

Une vieille femme mise, par ma propriétaire, au courant de ma jaunisse s'écria : « Mais je vais le guérir votre jeune ténor, j'en connais le secret. Avez-vous des pruneaux ? C'est aujourd'hui jeudi ; une masse d'enfants doit jouer sur la place et j'en vois assez souvent qui se grattent la tête. Eh bien, je vais tâcher d'attraper quelques poux qui doivent les gêner. Je les enfermerai ensuite dans huit ou dix pruneaux imbibés de liqueur et le jeune ténor les avalera. » J'avoue les avoir avalés un à un, mais ma propriétaire ne m'en parla que lorsque je n'eus plus la jaunisse !... Donc, avis aux mortels atteints de ce fléau facial ! Si ce vilain remède n'a pu leur réussir au cas où ils deviendraient couleur safran, il ne leur aura pas fait de mal !...

Un peu faible encore et le teint bien moins jaune, j'allai répéter pour la première fois et sur un grand et splendide théâtre, le lourd et beau rôle d'Hector de Biron, des *Mousquetaires de la Reine*.

Je connaissais mon rôle jusqu'au bout des ongles, hors le jeu de scène, c'est-à-dire les changements de place, qu'on appelle au théâtre : passades, et que sans qu'on s'en aperçût beaucoup je marquai sur ma brochure.

Il ne me resta de cette première répétition, que la réflexion faite au ténor Genevois, mon Directeur, par le Régisseur général : « C'est curieux, dit-il, ce jeune homme (je n'avais pas vingt ans) n'a point interprété de rôles sur la scène et déjà il possède le sens inné du théâtre. »

Et mon premier début eut lieu, au milieu d'un accueil qui me parut extraordinaire, exagéré même, malgré que le mari de la première dugazon, officier démissionnaire m'eût dit : « Votre début, hier, a été un événement. Les abonnés ont dit que jamais ils n'avaient entendu chanter les *Mousquetaires* aussi bien que par vous ». Et il ajouta : « Je veux dire chanter, car mettant les pieds sur la scène pour la première fois, et dans un rôle aussi important, vous ne pouviez avoir encore, toute l'aisance possible ».

Ce mari de dugazon devait avoir un peu raison, car mon Directeur Genevois, se trouvant dans les coulisses à ma sortie de scène, me cria en patois : « Aco, que soun buts de Bayoune ! Puis, la saison dura huit mois au cours de laquelle, j'appris une quantité de rôles, essayai tous mes costumes qu'on

fit sur mesure à Paris et à Genève et dont le prix figurait sur
mon engagement. J'assistai à une quantité d'opéras nouveaux
dont l'interprétation fut bien souvent merveilleuse, tout
comme les incidents dont je fus témoin fréquemment et qui
m'amusèrent fort. Rochefort, Bathie, ancien ministre des
Cultes sous la Commune, le vieux père Gaillard, commandant communard aussi et aussi beaucoup d'autres, nous
entouraient souvent, au café de l'Opéra où venait Bathie,
ex-ministre, qui quitta son palais à Paris, vêtu en capucin
pour passer la frontière. Très fort joueur de billard, gagnant
forces parties, son gain ne se soldait jamais qu'avec des petits
pains au lait dont il était très friand et malheureusement
pour cause !

Le plus heureux de ces proscrits, c'était bien Rochefort,
que ces compagnons d'exil nommaient : Monsieur l'Aristo-
crate, parce que, tout communard qu'il était, non seulement
il se faisait, paraît-il, remettre sa correspondance sur un
plateau d'argent, mais parce qu'il habitait à Plainpalais,
un appartement superbe, à un premier étage.

Cependant le propriétaire qui tenait le grand café de la
Rotonde dans la même maison, s'avisa un jour de lui dire
fort gentiment : « Monsieur Rochefort, ne serait-ce que pour
le peu d'honneur qui reste peut-être encore à ma maison,
je vous supplierai, en grâce, d'éviter de mener dans votre
appartement des belles trop connues de vos proches voisins
et de ma clientèle ? »

Entendant de telles paroles, Rochefort se dressa devant
lui et lui dit avec froideur : « Seriez-vous devenu commissaire de police des mœurs ?

— Non, mais... »

Et Rochefort grimpa en toute hâte à son appartement,
se mit à une de ses grandes fenêtres malgré qu'il ventât
beaucoup, alluma un cigare et soit par accident, ou par
l'effet de sa volonté, celui-ci alla tomber sur la grande tenture
de ce riche café qui, deux minutes après, était la proie des
flammes. Et je vois encore le tout petit « Auguste », le roi,
le premier de tous les Augustes de Cirque, pensionnaire et
étoile du grand Cirque Rancy où il faisait, le soir, le triple
saut périlleux sur trois gros chevaux blancs placés l'un à
côté de l'autre et sans prendre d'élan, je vois aussi « la Vol-

tige », fils du Proviseur du Lycée de Moulins, charmant
garçon, bachelier et qu'on nommait ainsi, parce qu'engagé
aussi au Cirque Rancy, il faisait la voltige et de terre sautait
à pieds joints sur un cheval nu en course aux applaudissements frénétiques des spectateurs. Oui, je les vois encore,
avec le vieux et célèbre pantomime Deburau qui, un jour,
dans une baraque de la place de la Bastide à Bordeaux,
se voyant raillé par trois gros lutteurs, fut leur demander à
sa sortie de scène, ce qu'ils avaient à hurler contre lui. Evidemment les lutteurs conscients de leur force, se gaussèrent encore, mais Deburau furieux (en costume de Pierrot) sauta
sur les trois à la fois, leur labourant la figure, à coups de
pieds et de poings, sans qu'aucun des trois lutteurs puisse
lui attraper ni un bras, ni une jambe et Deburau les abîma.

Eh bien, je vois encore, Auguste le premier, le roi des Augustes de Cirque et la Voltige, grimper aux portants de la
tenture et déchirer avec un grand couteau que Deburau,
grimpé aussi, leur passa un énorme morceau de toile en
flammes ; sans cela, le désastre eût été plus grand, énorme
peut-être. Et Rochefort, de sa fenêtre semblait le contempler.

VII

Des Flandres aux esprits frappeurs et cracheurs

Mais il fallut après avoir quitté Genève, que je me rende à Tarbes afin d'y accomplir six mois de service dans une batterie à cheval, ce qui me plut beaucoup, mais me fatigua un peu, car monter à cheval sans étriers, pendant six mois, trotter constamment à la française, jamais à l'anglaise et sur des chevaux à pâturons énormes, c'était un peu dur.

Je fus heureux cependant après un tel apprentissage de pouvoir faire une promenade dans ces conditions et rentrai à Bayonne à la fin de cette période militaire, puis me rendis dans les Flandres. La ville d'Anvers m'étonna par ses rues et places, remplies de grandes croix, de calvaires reposant sur le sol, ses milliers de vierges et de saints sur les façades éclairées nuit et jour par des lampes délicieuses, ses églises merveilleuses, sa cathédrale de toute beauté, dont la seule flèche est une dentelle et qui renferme la fameuse descente de croix de Rubens, couverte d'un rideau rouge et pour la vue de laquelle l'on payait un franc.

De plus, des musées splendides ornés d'œuvres de Van Dick, de Rubens et de tous les maîtres flamands. ainsi que des palais somptueux. Mais la ville était « ornée » aussi de beaucoup d'allemands, et fort peu sympathiques ! Anvers était donc remplie de boches et de flamands.

Les flamands, encore, sont assez sympathiques, avec leur tempérament même un peu méridional, comme la majeure partie des Belges, qui semblent n'avoir rien de commun avec les français du nord.

Mais dans cette grande et belle cité, il n'y avait guère que les officiers étrangers au pays flamand qu'on pouvait fréquenter. Aussi, allais-je toujours, prendre mon café dans les endroits où ils se réunissaient.

Et bien m'en prit, peut-être, car j'appris au moins du nouveau dont, cependant, j'avais entendu parler. Un jour que deux officiers causaient près de moi et très sérieusement de spiritisme, je prêtai l'oreille et l'un d'eux s'en apercevant, me dit d'un ton badin : « Notre conversation vous étonne, n'est-ce pas ? »

— Oh oui ! répondis-je surpris.

— Eh bien, si vous voulez voir une de ces séances, demain dans la soirée nous en aurons une vers dix heures du soir. Mais si vous devez être tant soit peu effrayé, n'y assistez pas. Si, au contraire, vous pouvez froidement vous attendre à tout, nous vous prendrons ici, demain soir, vendredi. Ça va-t-il ? Etes-vous vraiment curieux d'assister à cette séance ? » Et me tendant sa main que je pressai, heureux, il ajouta encore : « Vous voyez ce jeune officier assis à la table en face et qui cause avec un sous-lieutenant ? Eh bien, c'est Zimiki, un jeune prince polonais au service de la Belgique et qui depuis plusieurs mois, ne monte jamais dans sa chambre sans se faire éclairer : il y fait constamment coucher son ordonnance, tant il a été effrayé, en touchant la main encore gluante de sa défunte mère. Du moins, ajouta-t-il, en a-t-il éprouvé l'horrible sensation. »

Et le lendemain soir, à l'heure indiquée, nous fûmes tous trois, chez un de leurs amis spirite aussi, chez lequel se trouvaient déjà réunis, assis autour d'une table ronde, trois dames et deux messieurs, auxquels je fus présenté, non comme spirite, mais comme désireux d'assister à cette séance.

Tout ce monde me pria alors de bien vouloir m'asseoir à cette table, ce que je refusai de faire, voulant d'abord voir, tous ces spirites opérer un instant, et sachant que parmi eux se glissent parfois des compères. Mais la dame un peu mûre, (qui, paraît-il, était marchande à la toilette d'un des bas-quartiers d'Anvers, les vrais spirites ne faisant jamais attention à la qualité des gens de leur bord) me dit d'un ton plaintif : « Mais asseyez-vous donc ? Ne faites pas l'enfant ? car nous allons peut-être découvrir en vous, un médium hors de pair et peut-être écrivain ».

Il est certain qu'à voir le sérieux de ces gens, l'on pouvait être convaincu qu'ils étaient sincères et de plus impatients de savoir du nouveau, venant de l'autre monde, ce qui me rassura.

Je posai donc mes mains sur cette table ronde, d'aspect lourd avec un pied très large et du petit doigt de chacune de mes mains je touchai ceux des mains voisines, attendant silencieux , tout comme les spirites, que la table remuât, afin de questionner les esprits féminins, masculins et frappeurs.

Et elle bougea au bout de trois minutes, car un de ces Messieurs dit alors gravement : « Mon cher Carcassonne, bien cher esprit, voudrais-tu m'accorder l'immense faveur de causer un instant avec ton vieil ami ? Nous tous ici présents, t'en supplions de grâce, mais moi particulièrement. Donc, si tu es là et que tu veuilles bien, fais que la table se soulève et que trois coups soient frappés sur elle. »

Et, presque aussitôt les trois coups demandés se firent entendre et le spirite questionneur: s'écria: « Ah! je t'en remercie mon ami, cher esprit. Voudrais-tu alors me dire, pourquoi tu as terminé ta vie par le suicide ? Nous allons épeler l'Alphabet de A à Z et chaque fois que la table se soulèvera sur une de ces lettres, nous l'écrirons afin de construire la réponse donnée.

Donc, je commence, A. B. C. D. etc. » Et la table se leva en premier lieu sur une L, en second lieu sur un A. Quant à la troisième, elle fut un T. Puis finalement, la réponse écrite fut : « La tombe garde les secrets. » Grand ennui dans l'assistance. Carcassonne ne voulait pas parler.

Mais le spirite, voulant que je tâche de savoir quelque chose d'un esprit quelconque, je lui répondis : « Eh bien, évoquez le vôtre, puisque vous prétendez que tout mortel en a toujours un qui veille sur lui.

— Que voulez-vous donc savoir ? me dit le spirite.

— Le nom d'une personne à laquelle je pense en ce moment, un très proche parent.

— C'est facile, dit le spirite. Je vais mettre tant soit peu à l'écart la lampe suspendue au-dessus de la table, de façon qu'elle puisse répandre sa lueur sur nous et sur elle et vais attacher à la barre de fer débarrassée de sa lampe, une grosse ficelle, à laquelle un crayon bien taillé et très noir, sera attaché de façon à ce que la pointe, repose bien verticalement sur du papier rose tendre. Ce petit travail achevé, j'appellerai l'esprit qui viendra écrire le nom que vous désirez. »

Tout le monde s'assit alors et posa encore ses petits doigts les uns bien contre les autres et un instant après la table remuant, le spirite abaissant sa tête vers elle dit : « Mon cher esprit Christian, voudrais-tu bien frapper trois coups sur cette table, afin que nous sachions si tu veux écrire sur le papier rosé posé ci-dessus, le nom demandé par un jeune homme ici présent et que nous ignorons tous ? »

Ces trois coups presque instantanément frappés on lui demanda de bien vouloir écrire ce nom et nous vîmes tous, le crayon écrire sur le papier rosé (tous deux parfaitement éclairés) le nom demandé de : Laurent en lettres moulées et comme si elles avaient été tracées par un lithographe.

Longtemps j'ai conservé ce papier rose, mais il disparut comme tant d'autres choses, sans que le souvenir de cet extraordinaire moment, ait disparu à son tour.

Et ce ne fut pas tout, car, après cette expérience qui abasourdit tous ces spirites, ces dames et messieurs se levèrent de table et parlèrent d'un incident spirite qui avait eu lieu l'avant-veille, au cimetière d'Ixelles, à Bruxelles et dont ils avaient les nouvelles les plus précises. Tout naturellement, j'écoutai ces Messieurs et leur entendis dire que deux amis spirites, avaient de leur vivant convenu que celui qui survivrait à l'autre, irait à minuit sonnant le jour de l'inhumation, questionner le défunt.

Le spirite vivant fut bien autorisé à entrer au Cimetière, à pareille heure, mais lorsqu'il questionna son ami, dont la voix, paraît-il, s'était changée en celle d'outre-tombe, celui-ci lui répondit : « Ne m'interroge pas, je souffre trop. »

Etait-il déjà en Enfer ou en Purgatoire ? ...

Les spirites s'entretinrent assez longtemps à ce sujet. Puis, reprenant la séance, un spirite écrivain sans nul doute, prit un chapeau haut-de-forme, le plaça sous son bras gauche la main sur le rebord, la coiffe bien tournée vers la droite puis, pendant que bras et chapeau reposaient sur la table, il pria un de ces Messieurs de lui apporter un crayon et un cahier qu'il trouverait dans la poche de sa fourrure, ce qui fut fait.

Et le spirite écrivain, toujours chapeau sous le bras, un crayon dans sa main inerte, placé comme s'il devait écrire sur un cahier absolument indemne d'écriture, dit à un esprit qu'il avait dû certainement connaître : « Cher Athanase, cher esprit, voudrais-tu bien écrire sur ce papier blanc, les cinq mots auxquels je pense et dont je souhaite la réalisation ?»

Et comme le papier, la main et le crayon étaient encore parfaitement éclairés, nous vîmes s'imprimer et sans que les doigts bougent, les cinq mots demandés par le spirite ou médium écrivain et qui étaient : « Viens donc je te prie. »

Les lettres cependant ressemblaient, quoique lisibles, à des pattes de mouche, ce qui n'empêcha pas le médium écrivain, de s'écrier heureux : « Ah ! ça, c'est épatant, et ce sont bien les mots que je voulais voir écrits. »

— Mais en êtes-vous sûr, lui demanda une dame ? – Très sûr et c'est bien ce que j'avais pensé.

– Eh bien ! dit à son tour la dame, je veux en questionner un aussi et ne connaissant pas le nom de mon esprit, je vais tout simplement l'appeler :

Mon cher esprit.

Donc, je commence : « O cher esprit, qui dois être mien, veux-tu être assez bon de me dire si tu veux que je te questionne, en frappant trois coups sur cette table, anxieuse que je suis, de savoir une chose qui m'intéresse beaucoup ? Nous allons prendre du papier et écrire à mesure la lettre de l'Alphabet sur laquelle la table se soulèvera. Je veux savoir où se trouve Georges, mon ancien Georges, mon mari défunt. »

La table se leva sur un I, une seconde fois sur une L, la troisième sur un T et la phrase suivante se trouva écrite au bout d'un instant : « Il traverse en ce moment une sphère éthérée. » Et la suite de cette réponse fut : « et ne cesse de répéter : Quelle grue, cette Adelaïde ! »

— Oh ! l'horreur ! s'écria immédiatement la dame dont on ignorait le petit nom d'Adelaïde, le cor.... le trompé !...

— Comment, Madame, il était cela ? lui dit un spirite étonné.

— S'il l'était ? Il aurait pu piquer une tête d'un sixième et même d'un septième étage dans la rue, sans se faire de mal. Je m'en serais privée, ajouta-t-elle, avec un coco pareil ! »

L'on rit beaucoup, évidemment, mais il y avait chez ces gens-là, une croyance absolue en les esprits et un ravissement impossible à décrire.

Et ce fut encore un spirite, qui questionna un nouvel esprit, mais il ne fut pas content de la réponse.

Et énervé sans doute, il se leva de table et cria : « Esprits frappeurs manifestez-vous ! »

La table alors, se mit à sursauter davantage et un bruit de canons, de vaisselle brisée se fit entendre. Au même instant le spirite qui évoqua les esprits frappeurs, plaça brusquement contre les battants d'une grande armoire un lourd fauteuil, s'y assit et s'écria à haute voix : « Esprits frappeurs si vous en avez le pouvoir, renversez-moi ! »

Et aussitôt, je le vois encore, les deux grands battants de l'énorme armoire fermée à double tour s'ouvrirent avec fracas et envoyèrent le spirite et le grand fauteuil, rouler à quatre mètres de la dite armoire archi-pleine de linge blanc de haut en bas. Et comme tout ce bruit devenait effroyable, nous descendîmes tous épouvantés en recevant des gifles, des crocs en jambe des plus douloureux et des crachats sur la figure, du moins en éprouvions-nous la dégoûtante sensation pendant que la marchande à la toilette qui descendait l'escalier en dodelinant comme une cane criait : « Oh ! ma fourrure ! ma fourrure ! qui me l'arrache ?...

Et tout cela se passait sans que nous voyions une âme durant les trois étages parfaitement éclairés que nous descendîmes à pas de géant, giflés par ces esprits frappeurs et cracheurs, jusqu'à la porte d'entrée de la maison, que nous franchîmes blêmes et terrifiés, avec l'espoir de trouver un estaminet ouvert, afin de nous ranimer un peu avec du genièvre, dont je bus peu, mais que les spirites masculins et féminins absorbèrent assez abondamment.

Et prenant congé de tout ce monde qui m'engageait à assister encore à d'autres séances, je rentrai chez moi, on ne peut plus pensif, surtout en montant l'escalier très éclairé heureusement et j'entrai dans ma chambre où je laissai ma lampe allumée toute la nuit et bien d'autres encore me promettant bien de ne jamais revoir un tel spectacle.

Je le revis pourtant, mais, bien contre mon gré. Je fus invité à dîner à Biarritz, à la villa Julia ainsi nommée, il y a quelques années encore, et située sur l'avenue d'Osuna. De quoi causa-t-on finalement ? de spiritisme.

Un Monsieur invité, spirite sans nul doute, amena avec art la conversation sur ce chapitre. « Et pourquoi, dit-il, n'évoquerions-nous pas quelque esprit, afin de nous distraire un peu ? Peut-être même nous instruire ?

— Mon Dieu oui, répondirent Mesdemoiselles et Madame L..... »

Et aussitôt l'une d'elles, demanda une petite table ronde ou un guéridon assez grand qu'un domestique apporta.

Comme dans les Flandres, nous nous assîmes, posâmes nos doigts sur la table et ce Monsieur procéda de la même façon que ceux que je connus dans cette grande ville.

Il demanda à un esprit, connu de lui probablement, de faire bouger la table et d'y frapper trois coups, s'il consentait à la faire valser au son de la musique. Fort peu de temps après les trois coups furent frappés et une dame se levant de la table alla se mettre au piano et joua une valse au commence ment de laquelle, tout le monde se leva et la table valsa seule au milieu du salon environ une minute et elle eût valsé peut-être davantage si Madame L..... ne se fut pas effrayée. Elle cria et appela ses domestiques : « Ursula, Juana, Maria ! Venez, venez, le diable est ici, dedans ! »

Et la dame ayant quitté le piano, la table ne valsa plus, mais le grand et extraordinaire effet était produit.

Il est certain que des descendants de cette famille doivent encore habiter ce pays et ne sont certainement pas sans avoir entendu parler de cette soirée qui eut lieu vers 1887. Ils pourraient donc attester qu'à Biarritz, à la villa Julia, une table valsa seule au milieu d'un grand salon et au son du piano.

VIII

Faust à Bayonne

Lorsque je revins à Bayonne après quelques vacances prises à Amélie-les-Bains, le Directeur Claudius, me fit demander par Dutournier, le boucher, qu'on surnommait lyrique, si je voudrais chanter le rôle du docteur Faust, dans l'opéra de ce nom.

Je connaissais le rôle, mais ne l'avais jamais joué au théâtre. J'acceptai cependant avec beaucoup d'hésitation, de paraître à Bayonne, pour la première fois, dans un rôle un peu lourd à une époque où il n'y avait que cabales, remises de carte en plein théâtre à de jeunes officiers. L'un d'eux, le lieutenant Toussaint-Louverture, cria de sa place et sans méchanceté : « Ah ! quel tas de voyous ». Mais aussitôt, le brave Saint-Pé entendant ces paroles, ou ayant su que l'officier les avaient prononcées, monta aux premières et remit fort poliment sa carte au lieutenant. Celui-ci en sa qualité d'officier, refusa de se battre en duel ; mais sur l'ordre du général en chef, il dut aller sur le terrain et y fut blessé.

Ah ! c'est que les trois débuts des cinq grands emplois (et ce fut durant une de ces périodes que ce duel eut lieu), avaient pour Bayonne une importance capitale. Et j'entends encore dire à un ancien ténor qui chanta sur notre scène : « Ah ! Monsieur, à Bayonne, le commerce, les banques, la politique même ne comptent pour rien à côté de la question théâtrale ! Avec ça, ajouta-t-il, ils sont difficiles, criards et mauvais en diable. Ils vous arrivent même, avec la partition et le libretto de l'Opéra qu'on chante et suivent la pièce le livre en mains et grand ouvert. A tel point qu'un soir un abonné qui avait également son livre, cria assez fort : « Ce n'est pas ça ! »

— Comment ce n'est pas ça ? répondit en se tournant le chef d'orchestre. Mais c'est écrit ainsi ajouta-t-il et ce très vieux point d'orgue que vous paraissez réclamer ne se chante plus.

— Ah ! ah ! répondit le spectateur que je vois encore : vous faites des coupures ? C'est la tradition, répondit le chef, et elle n'est pas nouvelle. »

Et voilà dans quelle atmosphère vivaient les artistes d'alors. Ayant donc accepté de chanter le docteur Faust, je fus affiché en ces termes : « FAUST, avec le concours de Monsieur Achille Buffier, de Bayonne ». Songez donc que cette représentation eut lieu en 1876, époque épouvantable pour tous les artistes. Et on allait y voir un Bayonnais et encore un ténor (n'est-ce pas vrai que : nul n'est prophète dans son pays ?...) affronter ce théâtre rempli de vrais connaisseurs, gourmets de beau chant au possible et, de plus, exigeants et bruyants à la fois comme ceux qui étaient dans la loge infernale située au-dessus de celle du Maire. Ils faisaient constamment mine, s'il y avait le moindre accroc, de tirer des coups de fusil sur les artistes, Patate Dutournier surtout. Mais il fallait, cependant, leur rendre cette justice, ils s'y connaissaient vraiment, rien ne leur échappait.

Donc, quel tumulte ai-je dû entendre, durant cinq saisons de six mois chacune, que je chantai à Bayonne ! A chaque instant, le Régisseur était sur la scène !

Et un soir qu'on jouait le *Caïd*, ce ravissant opéra d'Ambroise Thomas, (que lui-même considérait comme un péché de jeunesse, disant que cette dentelle musicale et bouffe à la fois, avait eu le malheur de donner naissance à la grande opérette d'Offenbach), ne vit-on pas le Régisseur général jouant le rôle d'Ali-Bajou, obligé d'enlever sa perruque d'eunuque, qui le fit séance tenante, prendre par le public, pour une pleine lune, tant sa tête était grosse, ronde et chauve sous son maquillage un peu trop blanc. Vous entendez cet éclat de rire ! Au lieu de lui laisser demander ce que le public désirait on l'applaudit à tout rompre.

Mais lorsque le calme revint un peu, il dut faire les trois saluts au milieu des : un, deux, trois, que les titi du poulailler des secondes et du parterre prononçaient et il put parler au public qui lui cria aussitôt : « La pièce n'est pas sue ! »

— Eh quoi, répondit le Régisseur : « Pour un mot que je n'ai pu dire, entendant mal le souffleur ?... »

— Oui, oui, avec un eunuque vous avez bredouillé. Nous demandons l'argent, ou un changement de spectacle.

— Mesdames et Messieurs, dit le Régisseur, le spectacle ne peut être changé aussi subitement.

Donc, que ceux qui ne veulent pas que la représentation du *Caïd* continue, passent au contrôle et le montant de leur entrée leur sera payée. »

Et la représentation du *Caïd* continua, en ce beau jour de l'an, les artistes ayant reçu en guise d'étrennes, de la part du public, quelques instants de repos.

Et lorsqu'avait eu lieu un troisième début, c'était l'arrivée en scène du Commissaire de Police, tenant en main une grande pancarte, clouée sur un bâton, où il était imprimé d'un côté : *Admis* et de l'autre : *Refusé*. Il fallait alors entendre la pétarade de sifflets et d'applaudissements. Et comme cent sifflets peuvent couvrir quatre ou cinq cents applaudissements, vous voyez d'ici la réception des artistes ! Ce qui veut dire qu'il fallait être excellent pour réussir.

Enfin la représentation de Faust eut lieu et je chantai mon rôle avec Marie Mineur, qui interpréta Marguerite et la basse Queyrel, Méphisto, possédant tous deux les plus splendides voix qu'on ait assurément entendues à Bayonne et ayant cet atout dans leur jeu d'être d'excellents artistes, que je retrouvai sur des scènes très importantes.

Je ne sais cependant la figure que je dus faire dans cette représentation, mais j'eus au moins l'heur de pouvoir chanter sans encombre le lourd rôle de Faust et même l'acte de la Nuit de Walpurgis, supprimé depuis. J'avais alors 22 ans et devais avoir surtout à cette époque une voix de garçonnet car le baryton qui joua dans cette représentation le rôle de

Valentin frère de Marguerite, me rencontrant dans un autre théâtre, me dit aussitôt : « Avez-vous au moins conservé la voix de garçonnet que vous aviez à Bayonne, quand vous avez chanté Faust ? »

— Peut-être, répondis-je, et j'ai toujours pensé que c'était cette voix de garçonnet, qui dut donner à Ernest Bouyer, l'aisance nécessaire, pour qu'il puisse répondre de son fauteuil dès que Marguerite eût dit :

« Je voudrais bien savoir quel était ce jeune homme,
« Si c'est un grand seigneur et comment il se nomme ».

« C'est Achille Buffier » ! car c'est lui seul qui l'a crié et non la salle entière, comme le veut la légende. Je le sais fort bien, car je me tenais à ce moment à côté d'un portant de coulisses, prêt à entrer en scène. Ce fut aussi cette année là et pendant la représentation de *Faust* qu'Achille Zo fit, pour la première fois ma caricature. Et il la fit pendant l'acte du jardin de Marguerite et au moment où je chantai : « Laisse-moi contempler ton visage ».

Je blessais encore légèrement à cette époque, les « teudé » les « teudi », les « teudo » et les « teudu » que j'avais tant prononcés en circulant dans les rues de Paris, ne m'avaient pas encore entièrement guéri de la mollesse d'articulation que me laissa mon mutisme de Guéthary qui dura sept ans.

Ce défaut ayant même laissé le roulement de l'r paresseux, trouva enfin son maître.

Un jour que je devais chanter *les Dragons de Villars* avec la fameuse Galli-Marié, créatrice de *Carmen* et de *Mignon* et sachant que Juliette Borghese la créatrice du rôle de Rose Friquet des *Dragons de Villars* se trouvait à Toulouse, je fus la trouver afin qu'elle me donnât quelques bonnes traditions. Elle le fit avec plaisir. Mais s'apercevant que je blessais légèrement elle me dit : « Mais j'étais comme vous. De plus, il m'était imposible de vibrer et un chanteur qui grasseye, c'est détestable.

— Et comment, lui demandai-je êtes-vous arrivée à vibrer c'est-à-dire à prononcer l'r ?

— En commençant d'abord par les « teude », « teudi » etc

et en finissant par dire partout où je me trouvais, dans les rues même et en articulant bien sans grasseyer : « Trois très gros rats, sortant de trois très grands trous. » Et puis encore : « Des originals et des originaux quand est-ce que vous vous désoriginaliserez ? Je me désoriginaliserai, quand les désoriginaux, se seront désoriginalisés ».

Et Juliette Borghèse dit cette phrase avec une volubilité extraordinaire et en vibrant sur toutes les r.

Avis donc aux papas dont les enfants seraient affligés d'une grande mollesse d'articulation et d'un détestable grasseyement.

✿✿✿✿✿✿✿✿✿✿✿✿✿✿✿✿✿✿✿

IX

La rencontre de Dyanot

Encore à Bayonne, ma presque première rencontre fut,
celle d'un ami d'enfance de mon âge que j'aimais beaucoup,
ayant passé dix agréables mois dans sa famille à Houndarot,
Anglet, à l'âge de neuf ans, mes parents m'y ayant envoyé
afin que je vive le plus longtemps possible, de cette vie d'ab-
solu plein air, de lait, de méture, d'œufs frais, de soupes de
choux, de chingare, dont j'avais paraît-il le plus grand besoin,
devenant anémique.

Et Dyanot me dit aussitôt dans ce gascon que j'avais fort
bien appris chez lui : « Quouant suy hurous deut beude !
Mais moi aussi, lui répondis-je, parce que tu as toujours du
nouveau à m'apprendre.

— Ho, ho, me dit Dyanot, que bini d'appreune dap lou
mé grand pleusi, qu'ün ancien institutur d'Anglet, qu'anabe
founda ibe euscole de gascoun, peur ne pas dacha toumba
aqueure lencou é que pareuch que ba s'euntoura de caps.

Peur you, aqueure euscole de lencou gascoune, que ba
euntéréssa fort de mounde. E puch, que ban ha libis d'euscole gascouns, seurca deuns tou lous couts, lous libis anciens
lous bieuilhs chaffres é leus bieulles cantes, qu'à le beuillade,
lous papïns, leus mamis, leus sous nores é dyeundres, lous arehilhs, lous bayleuts é leus gouilles cantabeun ou euscouta-
beun aou can dou oueuc, à le luou de candelles de yéme eus-

tacades aous coustats de le chiminée, lous bieulhs, eun tchi-
nan tabac à preusa é lous dyoueuns euu heuzeun rousti cas-
tagnes sus le braze é cose tournioles deuns ibe casserole. E
aco arrosat de bïn blanc dous de Limoux, ou d'ün chicot de
tyotye que lous papïns beubébeun eun échugan leus sous
beucades dap lou daré de le mandye.

— Ah ! tu me fais joliment rire, dis-je à Dyanot.

— Mé parle doun gascoun gouillat ! qu'ou saps assés, peur
ne pas m'obliga à parla lou frantçeus que sey fort chic.

Il est évident, que je ne puis connaître l'orthographe du
gascon et je me demande souvent, si les soldats romains
qui nous ont laissé cette langue, qui n'est que le patois latin
qu'ils parlaient à Bayonne et aux environs (car il n'y avait
que l'aristocratie romaine qui parlait le pur latin), je me
demande, dis-je, si ces dits soldats romains qui campèrent
chez nous, apportèrent de chez eux grammaires et diction-
naires, afin de nous édifier, sur la véritable orthographe du
gascon.

Et sûrement parmi ces soldats romains, devaient se trouver beaucoup de Piémontais, où gens qui devaient habiter
les terres ou le pays qui forme aujourd'hui le Piémont, car,
de tous les pays que j'ai parcourus, de Bayonne à Menton
et Vintimille, je n'ai entendu qu'à Nice et à Menton, prononcer les mots de « marit é mouillé » qui veulent dire mari
et femme, ni si bien compris le patois qu'à Nice, dont les habitants se comprennent fort bien avec les Piémontais, qui
comme les Niçois, ont la même rudesse de langage que les
Angloïs, et les gascons qui entourent Bayonne, ou vivent dans
les bas quartiers de cette ville.

Donc, après que Dyanot m'eût conté tout cela, je lui par-
lai gascon et nous trouvant dans la rue de l'Evêché, devant
le porche de la Cathédrale, il me dit : « Que bas m'atteinde
aqui ün petit moumen, peur que puchqui ana ünquia le sa-
cristie, ha dize ibe messe peur leus âmes dou Purgatoire
leus mé délessades : qu'eus le boulountat de leus meuilles
sos, Croisine et Colombine ».

Et c'est devant un des plus beaux vitraux de notre Cathédrale, donné dit-on, par François 1er et dont le blason
des Bourbons azur à trois fleurs de lys d'or, se trouve dans
la rosace d'en haut, faisant partie de ce vitrail, que Dyanot

vint me trouver en me disant : « Ban aou port dou Peuch »,
qui se nomme aujourd'hui rue Poissonnerie. Je le suivis, et,
descendant la rue, il me dit en riant devant la ruelle des Augustins : « Oy ! aqueure ruelle dous Augustins qui ba à l'ancien marcat aou peuch ! Oueuil ibe euscuderie pleuille d'a-
zous, de saoumes, de chibaous é qu'apperabeun d'aouts cops
d'ün ignaout nom, puchqu'un dyour de counseuil de révi-
sioun, cïnq ou chis gouillats de le campagne, qu'han deman-
dat à ibe bieuille heumne qui se tinébe proche de l'euntrade
de queut bureut, ount se trobabe lou Campignou. E aqueure
bieuille qui dehé eusta quoque arcabouéte, qu'ous dits : « N'a-
beuts pas qu'a ana unquiaou hounts de le baleuille meurdouse, puch, que birerats l'eusquit à l'ancien marcat aou peuch,
é debant bous, qu'abeuts lou Campignou. — Mé, diseun lous
gouillats : Qu'eus bien aou vingte dus sos, chés le grosse
Marie ? — Ho, ho, é puch, que peuntsi que beuyrats le
mère abbesse, assedude debant le porte. »
    — É qu'as euntenut aco ?
    — Ho, ho, qu'eun reuspound lou Dyanot : é euncouare
mé qu'aco ! E, eun deusceundeun le rue, lou Dyanot qu'eun
dits eun me muchan le nabére Halle : « Te rappeles dou bieuil
marcat ?
    — Si m'eun rappeli ? Qu'abi treus ans qu'en ley bis. Qu'é-
re dou temps dou coléra, eun 1856 é qu'eun soubini d'y eusta
euntrat. Qu'ére ün matïn. É deseumpuch, que l'hey tusten
debant lous oueuils. Que dehé eusta bieun drôle, peur m'a-
beuche dachat ibe taou empressioun.
    — Et te rappeles euncouare, qu'eun dits lou Dyanot : dou
bieuil pount de boys de Pannecaou ? dap lous sounts bants,
oun s'eusteunébeun aou soureuil, le haoute daré lou cap,
lou Brienne, lous Capuleuts é lou Noble, qu'apperabeun ataou,
pramo qu'abé dus noms loungs à dize é à retine é qui éren :
de Renaud de Saint-André.
    — Ho, ho, qu'ou dizi. E cont'éreun debant l'ancien café
Choribit, que diz̧i euncouare à Dyanot, qu'anabeun ana preune quoqu'aouse.
    « Nou, nou, qu'eun reuspound : un chic mé loueun é oure
baou coque cop, mindya ibe assieute de soupe, ün plat de
habes dap peubots ou biague.
    — Ne mindyeus pas biande de béou ou de betet ?

— Fort chic. Que meuscli tout aco dap chichouns ou go-
gue, puch, que poussi tout, dap treus ou quate bounts bou-
rats de bin.

— E à le campagne que dizi eùncouare aou Dyanot, qui-
gnemeun passats lou bos tems ?

— Lou dyour aou cam é le noeuilt qu'abeun le beuillade

— E que heubeuts housaouts é lous bayleuts, tustem aygue é biague ?

— Lous bayleuts aygue é biague ? Ah ! lous hilhs de p... !
qu'eus gracheun plan lou tuyeou dap bin é que gaheun de
béres pets.

— E lous bos hilhs, hillhes, arehilhs é aréhillhes, à que
s'eumpleuguen ?

— Que n'y a aou cam é dus aouts. Un sapaté é l'aout por-
caté. Mé lou sapaté qu'eus maridat dap ibe broye gouillatote.

— E qu'han maynadyes ?

— Dus, Lou daré qu'eus euncouare à le tite, ün aou bente
que dizeun, é l'aout ibe maynade qui brame toute le noueuilt,
pramo que hey lous cachaous.

Mé you, qu'ey ün hilh maridat. Lou Justin, é qui eus moulié. Aqueut n'a pas maynadyes é qu'eun hey fort do pramo
qu'a ibe heumne foutude com ibe vénus, dap ün pa de tites
à poude s'y asséde dessus é eut un grand hali hort com
un taou.

— E lou moulié qu'en porte le harie que dache tusten lou
paqueut à le porte ?

— Oh ! aco n'at sey pas. Lou Justin qui eus moulié que
pouibra t'at dize.

— E le tou so Croisine ?

— Oh ! eure, qu'a ibe nore qui a fort souben lou cardazou.
Que saps qu'à le campagne, le noueuilt, après abeuche mïn-
dyat le soupe, le machquedure é roumadye d'ouille ou leyt
de crabe, asseduts aou cam dou oueuc, qu'eus treumpeun
lous pés deuns ibe grane caouteyre, d'aygue caoute qu'eus
passeun de l'ün à l'aout ? Ne creudeureus pas qu'hïeu noueuilt,
aqueure sabouine de nore, qu'abé cachat leus mouqueutes,
leus allumeutes é le leugne aou graillé deunts lou heuilh é de
hat ün hach de peuille, sourtit de le bugade. E nou countente
de s'eusta baillade aoutan de maou peur eunmerda toutlou
mounde, qu'eus anade picha, sus boussïns de sabloun apri-

gat d'ibe charpillheyre. E nous aouts, après abeuche eustuf-
fat leus candelles de yéme à cot de bouheureuil, que s'en
trobats deunts l'euscurade, chents poude troba leus nostes
yargues!...

Més adare, que ban preune si bos, ignaout beuyre, é que
baou ana aou hounts de Pannecaou, pramo qu'hey croum-
pat un nabet azou é qu'eun caou dibes banastres.

Mé que peuntsi que bineras un dyour à le campagne. Say
doun! que bebeuran un boun bouilloun heyt dap haoute —
euspeuce, lincous de moulue eustadyiades deuns le coquelle
é puch un gat huant, préparat dap ibe saouce assésonade
d'un chic de biande de grenouille pilade.

Qu'eun sera billeou difficile d'eun abeuche ün qu'en bineras, mé si n' hey ün abant, que t'at heurey sabe. Lous nos
papïns qu'eunt soun hos!

— Ah! dap gailh que binerey, que t'at prometti, més
abant, qué bailleras dus pots peur you, à toute le famille.

— Treus même. E soigne-te plan, pramo le tou may n'eun
heura pas d'aouts!

Adiou Achille!

— Adiou Dyanot! »

X

De Royalty à l'Inconnu

Dyanot m'ayant quitté je m'en fus à Biarritz qui à ce moment-là était encore bien dans l'enfance. On n'y voyait en
hiver que quelques anglais dansant le soir dans les hôtels
et aussi quelques français. Il est vrai que nous n'étions qu'en
1882 ; depuis cette époque Biarritz a beaucoup prospéré
et il faut bien le dire, grâce surtout à *Royalty*.

Tous ceux qui sont passés à Biarritz ont souvent fréquenté
cet établissement unique en France et peut-être à l'étranger,
où toute l'aristocratie de l'univers entier s'est assise : grands
ducs, archiducs, rois, princes, ducs, marquis, ambassadeurs.
Et cependant, qu'était ce *Royalty* il y a une quarantaine d'années ? Un magasin de cruches, de pots de terre, de terrines,
et, ensuite, un petit dépôt de chocolat de la maison Cazenave
de Bayonne, tenu par Madame Lauga, qui un beau jour
fonda à son compte, ce fameux *Royalty*, connu du monde
entier.

On pourra aller dans d'autres établissements plus luxeux
et nouvellement fondés, le *Royalty* seul, sera toujours, le
lieu de réunion de tous les grands seigneurs et de leurs fils.
L'on n'y joue pas cependant, car on ne voit jamais la plus
petite carte sur une table. Mais indépendamment du beau
monde qu'on y rencontre, on y jouit d'un rince l'œil unique
à Biarritz, grâce au passage, devant les grands arbres qui

ornent la terrasse du *Royalty*, de tout ce qu'il y a de charmant et d'élégant à Biarritz.

Il est donc certain, que la plus grande part de la prospérité de Biarritz et de Bayonne, est due au *Royalty* et que les maires de ces deux villes, devenues importantes, devraient s'ils en avaient le pouvoir, décerner à Madame Lauga, fondatrice et propriétaire de ce vieux *Royalty*, la croix de chevalier de la Légion d'honneur, non seulement pour le grand tact, l'intelligence et la gentillesse dont elle a fait preuve, mais à cause de la bonne tenue de sa maison, qu'on peut appeler : un Cercle bien tenu où tous les amis de Paris et de la Côte d'azur, se sont rencontrés et se rencontrent toujours. Au reste, avons-nous vu assez de ces jeunes gens se plaisant à Biarritz, toujours grâce à ce *Royalty* et à tous leurs amis qu'ils étaient certains d'y voir dès leur arrivée ?

N'ont-ils pas engagé et encouragé leurs parents, à y construire une belle villa, un beau pied-à-terre, afin d'y séjourner l'été, tout l'automne, une partie du printemps et même l'hiver. Car je vois bien des gens ayant fini par prendre avec joie, la détermination d'y séjourner même toute l'année.

Voyez les ducs de Frias, d'Osuna, de Tamamès chez qui eut lieu la fameuse kermesse au profit des inondés de Murcie et où la Théodorini, bulgare et première chanteuse du Théâtre Royal de Madrid, prêta son concours : je lui donnai la réplique dans le grand duo des Dragons de Villars qu'elle chanta en français.

Que vit-on aussi ce jour-là dans le grand et merveilleux salon de la Villa Tamamès à Biarritz, rempli d'objets d'art, de luxueuses tables constellées de tabatières d'argent, d'or, serties de perles fines, de diamants et donnant sur le grand préau où les artistes prêtant leurs concours se tenaient face au public installé dans le parc ?

La Théodorini lorsqu'elle n'était pas en scène se tenait assise dans un superbe fauteuil s'enfonçant dans d'épais et luxueux tapis, entourée et fêtée par tous les plus grands noms d'Espagne, hommage qu'elle devait bien mériter, non seulement, par son beau talent de cantatrice, mais par le charme vraiment prenant qu'elle possédait. C'est à cette même époque qu'eut lieu la représentation donnée au théâtre du Casino Bellevue et pour laquelle mon concours fut demandé, afin de chanter le rôle du ténor dans le Postillon de Longjumeau, toujours pour la belle œuvre des inondés de Murcie. Quel public y avait-il encore ? Evidemment pas de rois, ainsi que Napoléon Ier le voulut pour le célèbre tragédien Talma, mais des ducs, duchesses, marquises, comtesses, vicomtes, barons et même des vidames éblouissant par leurs perles et diamants, non seulement la salle, mais aussi les acteurs en scène.

Ah ! quelle époque presque familiale a connue Biarritz ? Car, quel est le duc, grand d'Espagne accompagné d'une Marquise qui irait aujourd'hui dans sa demeure décorer comme je le fus, le principal interprète, de l'Ordre d'Isabelle-la-Catholique au nom du roi Alphonse XII ? Ce fut l'épilogue de cette inoubliable solennité artistique.

Ce fut aussi ce jour-là qu'un cigare fut payé à la duchesse de Frias qui tenait dans les jardins le bureau de tabac trente mille pesetas payables à la banque d'Espagne par le Duc de la Conquista.

Et le comte de la Viñaza ambassadeur à Rome, les marquis de San Carlos, les princes Pignatelli d'Aragon, dont un des fils du prince Jacques neveu du duc de Frias, charmant garçon, on ne peut plus enjoué et aimé de tous, habite Bayonne... Et sa mère qui était bien la créature la plus délicieuse et la plus distinguée... Et les familles de Candamo, Escalante, Gavito de Urdapilleta ; le Comte et la Comtesse de Segonzac, les duc et Comte Serge de Morny, le marquis et la marquise de las Claras, aussi distingué et aussi sympathique que grand cœur. Et son beau-frère le charmant Monsieur Abell, l'ami intime de ce bon Bryan, superbe, enjoué, amusant au possible.

Je n'aurai garde d'oublier l'ami Petter, homme charmant, lettré, très artiste et bon comme Bryan. Les aimables marquis de Gouy d'Arsy. le baron de l'Espée ; Radou, l'homme fêté et aimé de tout Biarritz ; Camilo de Amezaga, Cañas l'ami Bueno, Léglise, de Senter, le marquis del Muni, les braves et sincères amis Constant Say et Lillaz.

Et qui ignore que « Royalty » a vu des têtes couronnées et princières ? Le roi d'Espagne venant y prendre son café, le Prince de Galles, les Grands Ducs de Russie...

Et la galerie se continue par les amis Pacos de Iturbe, Es-

candon, Pepito de la Torre ; le marquis Miguel d'Arcangues
père, le marquis d'Arcangues et son frère le comte Jean : le
comte de Jumilhac, le comte de San Miguel, le baron de
Grandmaison, le comte et la comtesse de Chevigné, les amis
Albert Iribarnégaray et le consul de Cuba, Léon de Léon
Monsieur et Madame Bocher, Monsieur de Bourbaki, le
charmant Marquis de Bellavista, le duc de Tarancon, le
duc d'Anjou, le duc de Baena, Monsieur de Olazabal, l'excellent Térésa, l'ami de Cartassac, le marquis de Castrillo,
les princes de Lucinge, Maxime Esgaris et Madame, le consul
Tuero y O'Donnel, le comte et la comtesse Orloff-Davidoff,
le comte de Hérédia, le prince Alexis Orloff, Cécile Sorel
comtesse de Ségur et le comte de Ségur le marquis de Casa
Montalvo, la princesse et le prince Sapieha, Etcheon de Bon-
nemaison, Zulucta. Le père et le fils Garcia amis excellents,
l'ami de Santos-Suarez, les frères Otelet, le marquis de
Salamanca, l'ami Fernando Soriano, le comte de Mandeville,
le marquis de Somosancho, H. Bellairs, de Goyeneche, Hal-
phen, Laxague, de Coulomme La Barthe, L. de Lys, les amis
Maze et Minondo, de Castellaños, Fernando de la Gandara.
L'ami Ricardo Soriano, marquis d'Ivanrey, Magnan, Bro-
cheton, le talentueux écrivain Raymond Roussel, le grand
ami Roger Clinchant fils du Général, le baron du Bour-
dieu, le duc et la duchesse d'Uzès dont je n'oublierai jamais
la gaieté déployée au déjeuner de Guéthary en compagnie du
vicomte et de la vicomtesse d'Origny, le très cher vicomte
Antoine de Contades, l'ami vénéré entre tous, le grand ami
docteur Mattin, homme affable et extrêmement jovial,
le cher commandant Hériot, possesseur de Cypris, palais by-
santin merveilleux, le plus beau du Cap-Martin et où j'ai
séjourné plusieurs jours.

Quel charme on y goûtait, par l'art qui y est follement
étalé ! Marbres les plus beaux et les plus rares, mosaïques,
incrustations, sculptures, vitraux superbes, plafonds d'une
richesse extrême, jardins immenses purement byzantins,
escalier géant, partant de la hauteur où se trouve le Palais
et allant rejoindre l'admirable cloître byzantin, absolument
d'époque, apporté de Constantinople et reposant sur de
beaux et immenses piliers baignant sur les bords de la Médi-

terranée. Et encore sur un des côtés de cet escalier géant et
bordé de fleurs, le cloître vénitien d'une grande beauté et
datant de six siècles. Quantité de hautes colonnes éparses,
aux chapitaux encore purement byzantins, statues antiques
grands sépulcres anciens, de pierre et de marbre, merveilleusement sculptés. Une végétation des plus luxuriantes, des
fleurs à profusion, des bois touffus, des allées à perte de vue,
remplies de palmiers de toute sorte. En un mot un véritable
avant-goût du paradis. Car, nulle part on ne peut voir pareille somptuosité. Les mille et une nuits même, ne décrivent
point de telles splendeurs. Rien qu'un plafond de chambre
vaut une fortune !...

*
* *

Voilà donc une faible partie des disparus et vivants qui
ont fait la fortune de Biarritz et de Bayonne. Ah! villes
aujourd'hui réellement sœurs, souvenez-vous en toujours!

Et cependant, quel établissement a été plus critiqué que
ce Royalty, parce que des gens titrés, très éduqués et des
fils de famille, peu fortunés peut-être, ont pu, bien à tort,
en paraître les pivots ? Mais comme réponse (et la critique
l'approuvera) qu'on me permette de citer ce que je fais dire
à l'Inconnu dans : *Bayonne en l'an* 2015, à cet Inconnu rêvant
sur les marches de la grande croix de l'entrée du Cimetière
de Bayonne et qui s'exprime ainsi s'adressant à Chevron :

« Je pense à tous ces gens dormant sous ces pierres. Lorsqu'ils vivaient, ils ne se sont point aperçus que la vie n'était
qu'une roue parfois en repos à laquelle les hommes se tien-
nent accrochés et dont les vrais heureux sont ceux qui en
occupent le sommet...

Et oui ! ajouta-t-il. Que de gens ont souffert de n'avoir
pas fait partie de la société des gens riches, de condition éle-
vée ou des grands négociants ? Et cela après avoir travaillé
toute leur vie et donné à leurs enfants l'instruction et l'édu-
cation en leur pouvoir. Mais ces trépassés n'ont point compris, — car tout a une fin — qu'eux et leur descendance (et
cela dans un temps plus ou moins déterminé) arriveraient
fatalement à faire partie de cette société, au sommet de cette

roue qui est l'immense fortune, la gloire, les honneurs, les titres de baron, vicomte, comte, marquis, duc, prince, roi, empereur et président de la République.

Ils ont eu tort d'avoir cru que leur argent gagné peut-être péniblement serait toujours à l'abri du gaspillage. Et aussi de dédaigner ceux qui avaient dépensé leur bien ou étaient victimes (tout en demeurant très bien élevés) des folies ou des malheurs de leurs proches parents.

Mais ces gens ignoraient que toutes les fortunes étaient destinées à être dévorées par leurs fils, petits-fils, neveux... précisément aux endroits que fréquentent les grands, ces fils et petits fils étant devenus grands à leur tour par une succession de générations.

Et, s'il en eût été autrement ils ne se seraient point montrés envieux (au point d'en souffrir toute leur vie) envers tout ce qui est momentanément grand et se renouvelle toujours, puisque des milliards d'humains sont déjà descendus du sommet de cette roue avec la mort dans l'âme et le suicide en tête.

Il eût donc mieux valu que ces trépassés eussent recherché la vraie tranquillité, laissant agir le temps sans la moindre envie, et qu'ils eussent assisté, patients et désintéressés à la marche normale des situations que des générations sans nombre sont seules arrivées à faire. Et puis, à quoi a servi leur ambition ? A venir reposer dans cette égalité à nulle autre pareille et sans avoir peut-être conservé l'espérance de traverser des jours meilleurs dans l'Eternité vers laquelle...

Et sans avoir le temps d'achever, ajoutai-je, l'Inconnu disparut.

XI

Toulouse : Un enterrement civil

A Toulouse, durant la saison théâtrale (car il n'y avait, à cette époque ni foot-ball, ni cinéma, ni dancing fort heureusement pour les chanteurs et tragédiens !) les représentations avaient toujours lieu devant un public nombreux très connaisseur et souvent on y éprouvait une grande gaieté.

Au reste qui n'aurait pas ri aux éclats, en voyant le splendide ténor Caubet, homme énorme et ventru, avec un cou de taureau de Miura . Tandis qu'il disait à Alice, forte chanteuse, très grande et très maigre, que des gardes venaient chercher : « Arrêtez c'est Alice, respectez sa faiblesse, le même lait nous a nourris tous deux ! » un homme lui cria du parterre et en patois : « Salop qu'as tout bebut ! ».

Mais l'obésité et l'énormité de ce splendide ténor, ne l'empêchèrent pas, de donner le surlendemain dans le septuor du *Duel des Huguenots*, à la phrase : « Et Dieu pour tous », un contre-ut de poitrine comme une cathédrale. Le Ténor italien Tamagno, me rappela un peu la puissance vocale de Caubet. Mais celui qui, assurément, m'étonna le plus, ce fût un marchand de pignes, du Maransin. Il parcourait les rues de Bayonne, avec son âne chargé de pignes ou pommes de pin, en criant : « A le pigne », sur un contre-ré de poitrine d'un éclat extraordinaire. Il est évident que ce contre-ré n'était pas un son chanté, mais il en avait quelque chose. Aussi, me mis-je immédiatement au piano, et touchant le contre-ré, je constatai que « A le pigne » avait été bien crié sur cette note. A tel point, qu'un homme passant tout près de lui lorsqu'il criait : « A le pigne », s'écria : « O hilh de p... qu'in ténor ! »

Cet homme disait vrai, car ce marchand eût certainement fait un grand ténor.

Nous entendions aussi, dans ce théâtre de Toulouse, le baryton Merly, qui dut à son très grand regret, quitter l'Opéra de Paris, parce que chantant dans *Guillaume Tell*, une phrase où il est dit : « A toi, Gessler », il fit mine, paraît-il, de diriger sa main vers Napoléon III. C'était un fort beau chanteur, fougueux jusqu'à la brusquerie. Un jour qu'on jouait *Guillaume Tell*, opéra dans lequel j'interprétais le rôle du Pêcheur, il devait venir m'interroger après que j'avais chanté : « Accours dans ma nacelle, timide jouvencelle ». L'homme à la hache dit alors : « C'est en vain : comme le gouverneur, il est impitoyable, » Guillaume Tell répond : « Il te refuse, et bien suis-moi ». En disant cette phrase, de sa main droite il arracha l'aviron que de ma main gauche je tenais, de façon si brusque, qu'il faillit me faire tomber dans l'orchestre. Le public même poussa un cri.

Mais, vers la fin de cette saison, Merly devenant souffrant et incapable de continuer sa carrière, le Conseil Municipal de Toulouse, lui alloua, après vote, la somme de cinq cents francs par mois durant toute sa vie, car il avait beaucoup marqué dans son pays natal, qui était Toulouse.

Il ne profita pas longtemps de sa générosité de la part de la ville. Comme par hasard, je me trouvais à Toulouse le lendemain de son enterrement, qui eut lieu civilement, je lus dans un journal que le baryton Merly, avait donné, la veille, sa dernière représentation.

Et cependant pourquoi cet enterrement civil ? Cette démonstration de la part de Merly ?

Avait-il oublié, doué comme il l'était, qu'il fut toute la vie un grand privilégié et qu'il ne devait ses dons et son bonheur qu'à son Créateur, même.... qu'il remercia si mal, en lui rendant son âme, alors que des acteurs allaient et vont encore à l'église avant le spectacle, demander aide à Dieu, afin d'accomplir le labeur souvent pénible, auquel la nature les a voués.....

XII

Bayonne ; âne... excuses

De ce si grand village que les Toulousains avaient le plus grand plaisir à nommer ainsi, je revins à Bayonne et contractai un engagement pour l'Opéra Royal de la Haye en Hollande; mais je n'y allai pas, craignant comme en Belgique, d'être souvent obligé de me calfeutrer à cause du climat rigoureux pour les chanteurs. J'eus cependant de la peine à résilier à l'amiable mon engagement, car directeur et agents, me répondirent qu'un dédit de dix mille francs figurait dans mon engagement et dûment payable dans les quarante-huit heures, au cas où je ne me rendrais pas à la Haye. Cependant, mon engagement serait résilié, au cas où je pourrais présenter à la fois trois certificats de docteurs-médecins, constatant mon impossibilité de remplir les conditions pour lesquelles je m'étais engagé. Ce furent les docteurs Batbedat, Tucoulat et Blazy qui me les délivrèrent. L'engagement fut donc rompu.

Mais le directeur du théâtre de Bayonne, parfaitement au courant de la rupture de mon engagement de la Haye, attendait discrètement que ma signature me soit renvoyée, ce qui eut lieu et il vint me trouver, immédiatement, me disant que je n'étais pas malade et que si je voulais contracter un engagement pour Bayonne, ce serait instantanément fait et signé : « Je sais, dit-il, quels émoluments vous deviez toucher à la Haye, et bien nous couperons la poire en trois, et je vous en donnerai un peu plus des deux tiers. Ça vous plaît-il ?

Mon Dieu! me dis-je, ça va produire un bien mauvais effet à Paris ; mais comme nous avons un peu de temps devant nous, je vais le signer.

Je fis donc quelques jours après mon premier début dans le rôle de Tonio de la *Fille du Régiment*, où après les quatre octaves du premier acte, je fus accueilli par trois rappels successifs.

Mais ce ne fut qu'un mois plus tard qu'eut lieu la fameuse représentation de la *Fille du Tambour-Major*, que les vieux Bayonnais, leurs fils, petits fils et neveux me rappellent encore, car elle fit un tapage énorme, non seulement par le grand succès qu'elle obtint, étant jouée magnifiquement et accompagnée d'une mise en scène grandiose, mais aussi par l'incident qui y eut lieu. Mais que voulez-vous ? Des amis encore plus énervés que moi, voyant un Monsieur que je considérais et considère toujours comme un excellent et talentueux homme, faire mon portrait pendant que j'étais en scène et le montrer à Charlestéguy, Labourdette et Duhalde, sans bouger de sa place, cela devenait vraiment assommant. Je m'en étais même aperçu pendant un deuxième acte de *Mignon*.

Aussi, le soir de la *Fille du Tambour Major*, je dis à un ami qui m'en parlait encore: « Sois tranquille, cela m'ennuiera, mais je l'attraperai sans courir. » Et le jour de cette première représentation, personne ne connaissant le libretto de cet opéra après que j'eus chanté les deux couplets de : « Tout en tirant mon aiguille je pense à vous » tandis que, pour me remercier, la cantinière m'envoie promener en me disant que je ne lui plais pas, il me vint subitement, à l'idée que mon caricaturiste, excellent homme, charmant même, avait fait le portrait à l'huile du ministre Freycinet. Je réponds donc à la cantinière : « Comment, je ne vous plais pas ? ... Pourtant, je suis tambour et de plus tailleur de mon état. Il faut vous dire aussi que je fais la caricature. Dernièrement, j'ai fait celle du ministre de Freycinet, j'en espérais la décoration, mais, au moment où j'y comptais le plus, le ministre a été dégommé et je suis resté tambour. »

Etonnement aux fauteuils et partout à l'audition d'un tel langage et sourires dans la loge de Charlestéguy. Je vois même un Monsieur des fauteuils porter la main à son front et la lever ensuite, en ayant l'air de s'écrier : Eureka !

Et lorsqu'un âne arrive en scène, que le Tambour-Major lui ayant fait avaler un verre de cognac lui dit ensuite : « C'est bon ça, dis merci à papa », je dis, assure la légende, en caressant la tête de l'âne : « C'est bon Zo-Zo, dis merci à papa... »

Ne voulais-je pas dire « jou-jou » ou « Zou-Zou » et est-ce simplement l'émotion qui me fit articuler « Zo-Zo... » Permettez-moi de ne pas élucider ce point d'histoire !... Si c'est une légende, elle est vivace comme toutes les autres. Pourquoi chercher à la détruire ? ...

Mais je fus magnifiquement payé de mon incartade, car deux jours après, jouant dans la *Fille du Tambour-Major* qui obtint un succès immense, je reçus après chaque couplet un formidable coup de sifflet émanant probablement de quelque professionnel de l'Abattoir, qui dut mettre deux doigts dans sa bouche, pour obtenir un coup de sifflet aussi strident.

Il est évident, qu'après le premier couplet je ne dis rien sachant parfaitement qu'aucun artiste ne peut dire qu'il n'a jamais été sifflé. Mais après le second, je me suis dit : « C'est un sifflet méchant ». Alors, m'adressant au poulailler d'où le coup de sifflet était parti, je dis : « Que celui qui a sifflé vienne en faire autant ». Et je repris mon rôle, pendant que le public demeurait silencieux et laissa continuer la *Fille du Tambour-Major* jusqu'à la fin.

Cependant, la représentation suivante ne fut pas aussi calme. On jouait : *le Songe d'une nuit d'été* et durant tout le premier acte, on n'entendit que des murmures, des cris. « Des excuses ! des excuses ! » Et le premier acte achevé, le commissaire de police vint dans ma loge et me dit catégoriquement : « Vous ne pourrez entrer en scène, si vous ne faites des excuses. »

En Lord Latimer, avant le second acte, je me présentai seul devant le public, qui durant trois ou quatre minutes cria : « Pas d'excuses » mais profitant d'un moment moins tumultueux, je voulus commencer à les faire et la salle crou-

la en applaudissements, pendant que les parterres debout
faisaient la marée et que deux hommes, dont l'un avait
détaché le mouchoir de l'autre noué autour du banc, suivant
l'usage, se battaient comme deux enragés. Leurs voisins ne
purent les séparer que difficilement tant ils s'étaient agrippés
l'un à l'autre ! Et je quittai la scène.

Rentré aux coulisses, qui trouvai-je tout d'abord, venant
me féliciter de la fin de cette histoire ? La vieille Martille !
sonneuse de cloche des entr'actes. Celle-ci me fait toujours
songer au général Plombain, son cousin germain et à son
neveu, qui me conta un jour une bien drôle d'histoire, car,
il assista presque seul, aux derniers jours de son oncle.

Cette histoire a été fort bien contée par l'Oiseau Bleu, du
journal : *le Sud-Ouest de Bayonne*, qui n'est autre que l'ami
Cazauran. Mais tout n'ayant pas été dit là-dessus, je prends
sans qu'on puisse m'en vouloir, je l'espère, la liberté de réta-
blir le coup, comme on dit à Bayonne. Donc le neveu de
Plombain me dit que la sœur du général, atteinte de la
suette depuis onze années, et que je connus alors qu'elle habitait au rempart Lachepaillet, vint de la campagne et dit à
son frère : « Ah ! mon ami, je viens te soigner. — Bah ! bah !
lui répondit aussitôt le général : tu es plus malade que moi,
retourne à la campagne. — Comment, répondit-elle d'une voix
toute dans la tête, tu me repousses ? C'est bon va, nous nous
retrouverons à la vallée de Josaphat. — Hé ? fit le général
étonné ». Et s'adressant à son neveu, en se penchant vers lui,
il lui demanda d'une voix caverneuse : « Qu'est-ce qu'elle
dit ? — Elle dit, lui répondit son neveu, que vous vous
retrouverez à la vallée de Josaphat. — C'est bon va, va, lui
dit le général, nous nous retrouverons à la vallée de Musta-
pha. »

Ce brave général bayonnais, sorti des rangs et sympathique
à l'excès, ayant accompli une grande action d'éclat en Algérie,
le colonel lui demanda s'il préférait le grade de sous lieutenant à la croix de la Légion d'honneur. Il répondit qu'il
n'était point sûr d'obtenir une autre fois la Légion d'honneur
et qu'il la préférait au grade de sous-lieutenant.

XIII

Quatorze mois en Corse

Tandis que je me trouvais à Nice, une lettre de Corse vint me surprendre. Une famille française que je connus beaucoup à Anglet où elle possédait une villa et qui ne cessait de me combler d'invitations, m'écrivit en ces termes : « Nous savons que vous êtes encore un peu souffrant et vous prions en grâce de venir passer au moins un mois auprès de nous. » Répondant aussitôt, je leur adressai tous mes remerciements, et leur dis qu'il m'était impossible, à mon très grand regret, d'aller en Corse. Mais en réponse à ma lettre, je reçus un télégramme si pressant, que je pris à Nice, le premier bateau se rendant à Bastia, où je ne fis qu'un très bref séjour, le temps de voir la ville, qui n'a rien de particulier, si ce n'est la statue du premier Consul, fort belle, œuvre de Canova, je crois.

De cette ville, je pris le train allant à Ajaccio et j'en descendis entre Ile Rousse et Calvi, au tout petit village, presque en ruines, appelé : Algayola, situé au bord de la Méditerranée. Je dis petit village car, actuellement, il est fort peu peuplé. Mais on peut penser, d'après les fortins et les débris de fortifications qui existent encore que ce petit village dut être autrefois, au temps des Génois, une cité importante. Le château où je devais descendre fut, en effet, construit par des Génois. Je descendis donc à ce village et ne vis comme gare, qu'une cabane à côté de laquelle se trouvait une porte de pierre en ruines, haute et assez ouvragée par laquelle on entrait dans une vieille rue délabrée, aux pavés immondes, donnant sur une place que j'aperçus de loin. Je me disais tristement : « Mon Dieu! où suis-je ? Où ces gens sont-ils venus se nicher ? » Et il me semblait toujours, la rue étant étroite et le vent violent, que quelque cheminée, où quelques tuiles de ces vieilles masures, allaient me tomber sur la tête en guise de salut ou de souhait de bienvenue !

Enfin, j'arrivai sur cette place, valise en main, ayant laissé une malle au soi-disant chef de gare de la cabane, et je me trouvai en présence d'un château ayant tout l'aspect d'un fort, où ne manquaient ni tours, ni tourelles, ni terrasses, ni meurtrières. Il baignait presque dans la Méditerranée, reposant sur des roches auxquelles il avait complètement accès. Et contournant un peu ce surprenant château, je me disais encore : « Comment le Prince Pignatelli, dont le fils, un excellent ami, habite Bayonne, a-t-il pu vivre des mois dans ce pays ? C'est vraiment incroyable ! » Une femme passa et je lui demandai si c'était bien dans ce château qu'habitait la famille de C. « Mais oui ! Au reste, ajouta-t-elle, le grand portail est ouvert à moitié et vous n'aurez qu'à frapper à la seconde porte. »

J'y fus aussitôt, franchis le grand portil et me trouvai dans un vaste couloir, orné à sa gauche d'un immense vitrail formant un demi-cercle ; comme plafond, une voûte romane et le tout conduisant à une grande porte de chêne massive possédant un judas où il était écrit à jour : « *Quid vis ?* »

Des ferrures très ouvragées l'ornaient et au-dessus d'elle se voyait une meurtrière taillée dans un gros bloc de pierre. En guise de paillasson, une belle mosaïque où on lisait « Salve ».

Et enfin je frappai, à l'aide d'un marteau superbe et gigantesque, en me disant encore : « Mais où suis-je ? J'ai vu bien des entrées, mais jamais une aussi originale ». Et la porte fut ouverte avec un assez grand fracas, étant bien verrouillée. Deux hommes parurent, très étonnés et silencieux. « Veuillez, leur dis-je, annoncer Monsieur Buffier ». Mais je n'avais pas plutôt décliné mon nom, qu'un de ces jeunes gens, domestique de la maison courut au fond d'un immense et très large couloir, d'où partait un escalier de pierre avec balustrade en fer forgé, l'escalada et tomba presque haletant sur une porte ronde, énorme, qu'on apercevait de l'entrée et qui s'ouvrit entièrement dès que le domestique eut crié : « Monsieur Buffier, Monsieur ! » — Pas possible ! » dit le fils qui fut d'un bond à la porte d'entrée, suivi presque au même instant, par Madame de C. à laquelle je dis : « Où êtes-vous donc venus vous perdre ? dans un château fort rempli de meurtrières, de fortins, car j'en ai aperçu un, touchant presque une encoignure du château, encadré de vieilles murailles, de vieilles masures à escalier de défense contre la vendetta.

— N'en dites pas plus long, bien cher ami, me dit Madame, vous goûterez ici un charme exquis, et reposant. »

Jusqu'à l'instituteur corse du village qui, après avoir donné sa leçon au plus jeune fils, me dit d'un ton charmant : « Ah ! Monsieur, soyez le bienvenu dans notre cher pays de Corse, dans ce village poétique qui ne compte pas plus de cent quatre - vingt - quinze habitants, y compris votre serviteur. Sans vous avoir vu, je vous connaissais déjà. Laissez-moi vous donner un précieux conseil, dont vous profiterez peut-être. Faites comme à Venise, ainsi qu'on le dit dans le bel opéra : *Haydée* ou le *Secret*. Ne parlez pas, chantez, car ici, toute parole est pesée et analysée chimiquement !

— Je vous remercie et suivrai vos conseils, répondis-je, en regardant cette physionomie qui me parut un peu troublée. Il devait, en effet, fuir le village, poursuivi nuit et jour avec un fusil, par les parents d'une jeune fille. Puis, tous les trois, ainsi que l'Instituteur, nous entrâmes dans la salle à manger ornée de ce grand vitrail qui se trouvait à gauche de l'entrée. Je pus me sustenter en attendant le déjeuner, car arrivé le matin et ayant passé la nuit presque entière sur le pont du bateau j'avais besoin de me restaurer un peu.

*
* *

Mais quelle stupéfaction n'éprouvais-je pas, quand je vis cette immense salle voûtée à la romane, les murs badigeonnés bleu vert, cette table mesurant au moins neuf mètres de longueur, décorée au-dessus d'une large bordure, genre bas-relief, sculptée à la byzantine, soutenue par une quantité de pieds en bois d'olivier, tournés à la romane. Et au fond de cette salle, faisant face au grand vitrail taillé en demi-cercle, se trouvait un énorme bahut de même style que les autres meubles, armé d'une quantité de colonnettes en bois d'olivier, toujours romanes. Il soutenait les étagères et encadrait un splendide vitrail donnant sur la mer et les rochers, faisant face au château qui les frôlait. pour ainsi dire. Quant aux portes des armoires et du bas de ce bahut, leurs panneaux étaient rehaussés de trois grandes « forces » chacun, bien en relief, ce qui faisait dire à cette famille et à certains étrangers, que certainement les Ducs de la Force, dont ils croyaient que c'étaient les armes, avaient dû, dans des temps bien reculés, sans doute, habiter ce château.

Et encore, au milieu de cette grande et fort belle salle à manger, se voyait une porte de même style donnant au fumoir et sur les grands panneaux de laquelle on voyait en relief une chauve-souris énorme aux aile. déployées.

Près de cette grande salle à manger, dont il doit être impossible de voir la pareille, originale et artistique au plus haut degré, se trouvait face à la sortie donnant sur cet immense couloir, une porte de fer ayant accès au puits vaste et voûté, avec galerie sur laquelle se lisait quantité de mots latins incrustés dans la pierre blanchie à la chaux, de même que tous les murs et galeries entourant ce puits. La tradition connue dans le pays et fort probablement léguée par leurs ancêtres aux Corses qui l'habitent, veut que ce soient des soldats génois prisonniers qui, dans leur captivité, aient gravé ces mots qu'on peut lire encore, puisqu'un de mes amis voyageant en Corse, m'ayant entendu parler de ce château unique, m'écrivit en me disant : « Eh bien, je l'ai vu, ce fameux château. Allons ! vous n'avez pas blagué ! »

De plus encore, au fond de ce grand et spacieux couloir, se trouvait le grand escalier de pierre menant au premier étage, où je vis presque en entrant dans un couloir aussi étrange, une grande baie menant à une autre porte à longues cannelures, et au milieu desquelles, je lus bien en relief et en lettres gothiques : « *Guarda te, mi guardo* ». Naturellement, le fils de la maison voyant que ces mots m'étonnaient, me dit : « Dans ce village, on sait que cette inscription existe ici, et il est encore de tradition depuis des siècles, que celui qui vécut dans ce château, avait un ennemi mortel, contre lequel il avait à se défendre, cet ennemi, dit-on, lui ayant juré « Vendetta ». Depuis cette époque, pensant souvent à cette porte, je me suis dit : « Pourtant ce chatelain n'avait rien à craindre, puisque jamais un homme ayant crié « vendetta » à un ennemi, n'est entré chez celui-ci. Il ne le vise avec son arme, que lorsqu'il est hors de sa demeure et pas même, dans la maison de qui que ce soit. »

En somme, tout dans ce château étrange était à l'avenant. Cachettes incrustées dans d'épaisses murailles, portes dérobées donnant même sur les rochers, couloirs à se perdre, terrasses crénelées et à surprises, d'où l'on voyait tout autour de soi, comme dans la maison octogone de Cambo.

Ah ! cette maison octogone de Cambo ! J'y pense bien souvent et j'y vois toujours le père Cotery, l'ancien tailleur de la rue Chegaray, aujourd'hui rue Victor-Hugo, faisant le tour de ce balcon, en disant à la bonne Madame Ellis qu'il invita un jour avec moi à prendre le thé : « Ah ! Madame, quand je suis sur ce balcon et que je traverse les huit faces qui en font le tour, je suis comme le marquis de Carabas : tout ce que je vois est à moi ! » Et il dit cela avec une telle emphase que nous rîmes aux éclats.

*
* *

Tout m'avait étonné donc, dans cette première visite du château lorsqu'on sonna l'heure du déjeuner. Mais à peine étions-nous à table, qu'une jeune fille se fit annoncer. Le domestique en donna le nom à Madame qui répondit assez sèchement : « Faites-la entrer ici même ».

Les présentations d'usage eurent lieu et l'on causa de mon voyage, du charme que me paraissait avoir la Corse et la demoiselle dit quelques mots seulement, après lesquels elle prit congé, ne pouvant, dit-elle, prolonger sa visite assez importune, car elle était attendue à Fiume, village voisin.

(Et à ce propos, un souvenir : Je vois toujours la Passion de Jésus-Christ représentée dans l'église de ce village un

jeudi saint, en costumes de l'époque, et où figurait un homme
ayant des mains énormes, gantées couleur chair, jouant le
rôle de Marie Madeleine, habillé en femme.

Je crois bien qu'on a rarement vu, chose pareille, dans une
église, un jeudi saint, depuis les Mystères du Moyen Age.
Mais nul ne protesta, cela parut naturel et dut être bien accueilli par le Sauveur lui-même, car les assistants pleuraient
parfois et devaient adresser à Dieu de ferventes prières...)

Donc la demoiselle partie, les personnes à table, contra-
riées sans doute de cette visite, se pressèrent d'achever le repas, afin de passer au fumoir. J'allais me lever aussi, quand
Mme de C... me retint. ayant l'air de me dire : « Laissez
les partir ». Et quand nous fûmes seuls : elle me confia fort
ennuyée : « Vous avez vu cette jeune fille ? Ah ! jeune fille
si l'on veut, ajouta-t-elle. Eh bien, c'est la fiancée obligée de
mon fils, sous prétexte qu'ils se sont promenés ensemble
et qu'il aurait été question entre eux de projets d'avenir,
ce qui ne peut être, pour qui connait la prudence de mon
fils. J'ai dû donner mon consentement, afin que le mariage
ait lieu. Songez donc que mon fils n'a que dix-huit ans et
la demoiselle trente-deux bien sonnés. Et puis, savez-vous
ce que son père me propose et m'adjure de faire ? D'aller,
tout simplement, trouver l'Evêque d'Ajaccio et d'obtenir de
lui l'autorisation de marier religieusement mon fils avec sa
fille, en attendant qu'il soit majeur et que l'union civile ait
lieu. »

— Et vous irez à Ajaccio ? répondis-je, étonné d'un pareil
projet.

— J'y suis bien obligée, dit-elle, ayant donné ma parole
et c'est après-demain que nous devons, le père et moi seuls,
aller trouver Monseigneur. »

Cette nouvelle, presque de l'autre monde pour moi, qui aimais tant cette famille, me laissa sans paroles. Mais la réponse de l'Evêque d'Ajaccio ne se fit pas longtemps attendre :
Pas de mariage religieux pour un mineur et moins encore,
avant que le mariage civil ait eu lieu.

Me faisant part de cette décision, mon hôtesse me confia :
« Croyez, cher ami, que je suis enchantée de cette réponse,
mais je crains bien qu'ici, ce refus n'amène de nouvelles
complications. » Et Madame de C... avait raison, car la de-

moiselle ni son père ne changèrent d'attitude et il fallut à Madame et à son fils une diplomatie d'une force inouïe, pour ne paraître rien refuser, car au fond, Madame de C... ne voulait à aucun prix de ce mariage si disproportionné, d'âge surtout, pas plus que le fils, novice et ignorant ne savait ce que devait être le mariage, pour se prêter, encore enfant qu'il était, à ces promenades ou rencontres.

*
* *

Durant mon séjour, nous faisions des sorties sur de petits chevaux à pâturons très doux, habitués à grimper à travers les cailloux, mares, ruisseaux et nous contemplions cet admirable pays rempli d'oliviers, de citronniers, d'orangers, de magnifiques pêchers, de fruits de toute sorte, de figuiers de barbarie dont les routes étaient bordées, lorsqu'un jour, nous promenant non loin du village, nous vîmes une quantité de personnes à dix mètres de la route et entendîmes des cris et des pleurs de femmes déchirants. Nous approchâmes de cette foule et vîmes étendu et en sang, un homme qu'on disait être un bandit ; Les gendarmes venaient de le tuer car il avait tiré le premier sur eux se voyant traqué.

Ah ! je n'oublierai jamais l'horreur que nous produisit la vue de ce malheureux, dont on entendait conter l'histoire que voici :

Sorti du bagne depuis peu de temps, sa peine achevée, il revint en Corse afin de se venger de ceux qui le dénoncèrent et il les tua. Et c'est près du maquis dont il descendait, pour traverser la route, qu'il fut aperçu par les gendarmes, qui, sans doute le guettaient. On le photographia et je crois avoir gardé un exemplaire de cette photographie. Quant aux pleureuses, qui ne cessèrent de crier et de pleurer ce mort qu'elles ne connaissaient nullement, elles se conformaient à la coutume. C'est ainsi que, non loin du château un vieil homme étant mort, dès qu'on lui eut fermé les yeux et qu'on eut, constaté qu'il était bien mort, nous entendîmes des cris, des gémissements épouvantables poussés par des gens qui n'avaient aucune raison de tant pleurer cet homme. De plus, ces cris et ces pleurs furent exécutés gratis. C'est ou c'était la grande habitude en Corse.

Ce drame terminé, nous repartîmes vers cette belle nature, cette magnifique végétation, qui m'apparurent presque aussi riches qu'aux Antilles.

La culture des vers à soie qui se pratiquait dans toutes les maisons du village, m'intéressa aussi beaucoup.

C'était un rare plaisir que de gravir le demi-amphithéâtre supportant une douzaine de villages très élevés, espacés et faisant face au château, d'où l'on apercevait leurs limites presque mesurées. Nous visitions aussi les terrains couverts d'oliviers, de citronniers, d'orangers, appartenant au château, et dont la culture et l'entretien étaient dirigés par l'intendant de la maison. C'était alors un prêtre, neveu de l'archevêque de Bourges, fort entendu en agriculture. Il disait sa messe tous les matins, à l'église du village qui possédait un tableau bien abîmé, hélas ! mais dont certaines parties décelaient un très grand peintre de l'école italienne. Comme. sur ces terrains du château, je voyais des hommes travaillant avec leur fusil et leur sac en bandoulière, piochant ainsi ou grimpant même sur les arbres, j'en demandai la raison à l'intendant : « Pouvez-vous me dit-il, rester ici encore une demi-heure, afin d'observer ceux qui ont le fusil ? »

Eh bien, vous les verrez et vous entendrez leur réponse lorsqu'il s'agira du paiement de leur journée. Cela vous intéressera beaucoup. » Et la demi-heure passée, dès que ces hommes au fusil et au sac en bandoulière se furent approchés de l'intendant, celui-ci leur dit, d'un ton paternel : « Vous viendrez vous faire payer au château ». Alors chaque homme au fusil répondit assez froidement : « Je ne descends pas ».

— Vous voyez, me dit l'abbé-intendant, en leur payant la journée ? Et maintenant, ajouta-t-il, ils vont traverser des sentiers perdus et regagner le maquis, en tâchant d'acheter en route, dans les maisons s'ils en trouvent. des provisions aux paysans qui les connaissent.

— Et ces hommes sont-ils de vrais bandits ?

— Oh ! des bandits !... de braves gens pour la plupart, incapables de voler un centime, le vol étant inconnu en Corse, ni de commettre la moindre action vile ou préjudiciable à leur prochain. Et s'il y a des « vendettas », causes de leurs crimes, qui les obligent à garder le maquis au lieu de se rendre, ce n'est qu'à la politique et aussi à la parole donnée et reprise, qu'ils doivent de subir une aussi misérable existence. » Et l'intendant disait vrai, car quelques jours après, un prêtre vint au château, avec prière de la part du maire d'Aregno, un des douze villages faisant face au château, de présenter ses salutations à la famille de C... qui le retint à déjeuner.

*
* *

Le repas fut très intéressant grâce à la haute culture de cet abbé, qui fut précepteur des fils d'une des grandes familles parisiennes, et à son grand talent de pianiste qui nous charma après le déjeuner.

Il nous dit, cependant, qu'il ne pouvait s'attarder auprès de nous, devant être à Calenzana avant la tombée de la nuit.

— Nous vous accompagnerons en voiture, lui dit aussitôt le fils de la maison.

— Pas du tout répondit l'abbé. Calenzana est un peu loin, mais j'irai à pied en me promenant.

— Il est déjà tard lui répondîmes-nous et sûrement, la nuit va vous surprendre en route. Vous ne pouvez y aller à pied.

— Eh bien soit, dit l'abbé : « J'accepte que vous m'accompagniez, mais à une condition expresse. C'est que vous me laisserez à cent mètres de la porte de Calenzana ».

Nour partîmes donc quelques instants après et rencontrâmes sur la route, une femme à cheval, les jambes et pieds nus, des éperons aux talons attachés à une ficelle, et cela au milieu d'un paysage touffu et désert, où l'on ne voyait près du chemin que des tombes éparses. A ce sujet, l'abbé nous dit que c'était beaucoup l'habitude en Corse, de se faire enterrer isolément.

Arrivés enfin bien près de Calenzana, nous vîmes une cinquantaine d'hommes, quelques-uns armés d'un fusil et d'autres d'un gros bâton, qui nous intimèrent l'ordre de nous arrêter. Ce que nous fîmes et l'abbé descendit le premier de voiture, afin de causer avec eux. Aux poignées de main qu'il leur donna, il était facile de constater qu'il était connu d'eux. Il s'entretint avec eux assez longtemps et revint en nous disant : « Messieurs, la voie est libre pour nous ce soir, mais à la condition expresse que la voiture sera gardée, à la porte de Calenzana, par quelques hommes au fusil et au bâton. Nous allons donc profiter de cette générosité, pour dîner chez l'institutrice du village, chez laquelle je devais aller ce soir et qui nous recevra avec le plus grand plaisir. Au reste, ajouta-t-il, j'ai dépêché auprès d'elle un de ces hommes au bâton, en lui recommandant de nous faire préparer du boudin à la polenta, comme vous n'en aurez jamais mangé. »

Et, sur ces paroles qui nous tranquillisèrent, car cet arrêt à la porte de Calenzana ne nous disait rien de bon, nous montâmes à pied une longue ruelle étroite, aux très vieilles masures, mal pavée.

Une partie de ces hommes au fusil et au bâton, nous accompagnaient. Dès que nous fûmes chez l'institutrice, ils stationnèrent devant la maison tout le temps que dura le dîner et en frappant souvent le pavé de leur bâton ou de la crosse de leur fusil. Etait-ce à cause d'un homme qui fut tué la veille dans cette ruelle, après une discussion politique, relative à Gavini ?

Toujours est-il que nous étions gardés, durant ce dîner qui fut délicieux, grâce au boudin à la polenta, le meilleur que j'aie jamais mangé et à du bon vin vieux de Corse, conservé par cette charmante institutrice pour les bonnes occasions. Nous quittâmes cette dame, en l'invitant à passer au château ses premières vacances.

L'abbé, nous laissant à la porte de Calenzana, nous fît promettre de nous rendre ainsi que Madame de C... à la forêt de Bonifato, le dimanche suivant. Il y dirait la messe dans la petite chapelle touchant la maison du garde forestier et un bon déjeuner, et même un bon dîner, y seraient préparés et servis : al pelo.

Ce prêtre parlait l'espagnol.

Et le dimanche suivant, nous fûmes à cette forêt à l'aspect presque vierge, aux lianes s'enchevêtrant les unes aux autres et traînant à terre jusqu'à gêner les sentiers pour les piétons. Nous arrivâmes au moment où l'abbé commençait à célébrer la messe dans cette chapelle, qui n'était qu'une niche, où l'autel semblait enfermé dans une caisse ouverte.

Le prêtre même devait officier en dehors de cette niche. Quant aux assistants, ils se tenaient tout à fait en dehors.

Il n'y eut que nous, la sœur du prêtre, le garde-forestier, sa femme et leur enfant qui servait la messe. Mais quelle poésie entoura cette messe ! quelle admirable nature l'écouta ! Et poussé par l'idée de faire chorus avec ces merveilleux éléments, sans accompagnement, sans réflexion aucune, sans en faire part à Madame de C... et à son fils, je me mis à chanter l'*Ave Maria* de Gounod. Le prêtre lui-même, qui, jusqu'alors, n'avait pas dû se tourner vers les assistants, me regarda et inclina légèrement et pieusement la tête, comme pour me remercier d'avoir aussi concouru à l'éclat de cette cérémonie religieuse, que cette idéale forêt, ne vit probablement jamais se reproduire. Mais à la fin de cette journée si agréablement passée, une surprise nous attendait encore, pendant que nous passions en voiture, près d'un sentier ou se trouvaient plusieurs cavaliers descendant d'un village. Nous ralentîmes le pas, afin de demander à un de ces hommes, d'où ils descendaient, le fusil en bandoulière.

— Ah ! répondit-il, nous venons conduire à la première gare l'enfant que vous voyez (il avait bien onze ans) afin qu'il se rende à Ajaccio.

— Et pourquoi êtes-vous aussi nombreux ?

— Ah ! nous dit-il, d'un ton peiné. Cet enfant s'est pris de querelle avec un autre élève de son âge et l'a giflé. Nous venons donc prendre la défense de notre fils, car les parents de l'élève, nous ont déclaré « Vendetta ». Pensez-donc, si nous fûmes étourdis d'entendre une pareille histoire !

Et ce n'était décidément que surprises dans cette poétique Corse, car lorsque le soir nous fûmes rentrés au village, le fils de la maison me dit : « Nous ne pouvons vraiment achever cette journée si bien remplie sans aller au moins prendre à la petite auberge qui se trouve sur la route, un verre d'eau-de-vie Corse ».

Mais à peine avions-nous entr'ouvert la porte de cette buvette, que nous vîmes deux hommes, se levant d'une table où ils jouaient aux cartes avec le patron, sauter sur leur fusil adossé à chaque encoignure de l'auberge et se dresser devant nous. Le patron heureusement, les rassura aussitôt, en leur disant que nous étions les messieurs du château.

— Nous sommes donc tranquilles, dit le fils au patron ? Eh bien, servez nous alors, de l'eau-de-vie Corse. Ces messieurs, ajouta-t-il, en prendront bien un verre ?...

— Même deux, répondirent-ils, en nous invitant à nous asseoir à leur table. »

Et nous causâmes assez longtemps de la Corse, de sa végétation et principalement de la culture des vers à soie qui se pratiquait beaucoup à ce moment là, les mûriers étant en abondance en Corse, mais nous ne leur demandâmes pas, pourquoi, à notre vue, ils avaient sauté sur leur fusil.

Peut-être aussi, sans rien nous en dire, se tenaient-ils aux abords du château, sachant que les bandits (et ces hommes devaient sûrement l'être aussi) pouvaient y entrer, pour y passer la nuit, par une toute petite porte de fer donnant sur un rocher et conduisant à une petite pièce où se trouvaient des paillasses, une table avec des vivres, du tabac et même du café. Ces hommes de l'auberge devaient peut-être y passer eux-mêmes la nuit, ou bien nous garder, afin de gêner par leur présence, ceux qui auraient voulu nous attaquer ; car il ne fallait point se dissimuler qu'une vengeance pouvait être exercée contre le château. Le curé du village lui-même ne dormait qu'avec deux pistolets chargés sur sa table de nuit tout à côté de son lit. Comme je lui demandais ce qu'il avait à craindre, il me répondit :

« On ne sait jamais... »

— Et vous brûleriez la cervelle à quelqu'un ? lui demandai-je ?

— Oh ! sans peur, si j'étais ou me sentais attaqué.

Cependant, durant cette période tourmentée et que personne n'ignorait, l'argent s'épuisait et il en fallait. Le notaire d'Ile Rousse, chez qui des fonds étaient déposés, trouvait toujours un prétexte pour ne pas les apporter lui-même, ce qui amena Madame de C... à me dire un jour :

« Ah ! cher ami, il n'y a ici que vous, pour nous tirer d'embarras. J'ai fait savoir au notaire d'Ile Rousse, que vous vous rendriez à cheval à la porte fortifiée de cette ville et qu'il ait à vous remettre, sans que vous ayez besoin de mettre pied à terre, le pli contenant la somme exigée, s'élevant à neuf mille francs. Et, à cet effet, ajouta-t-elle, un domestique armé vous accompagnera. »

— M'accompagner ? répondis-je, ah ! non, pour que l'on jase à la sortie du village ce qui entraînerait peut-être des complications ? Non, non, je préfère y aller seul. Je sais bien que les sept kilomètres à faire sont bien déserts, qu'il ne se trouve sur la route aucune maison, mais comme ici, personne ne m'en veut et n'a de raison pour m'en vouloir, je le répète, j'irai seul, sans la moindre émotion et retournerai de même. »

Au grand galop je partis donc, et trouvai le notaire à la porte d'Ile Rousse. Ainsi qu'il avait été dit par Madame de C... il me remit le pli contenant la somme que je comptai, sans descendre de cheval et encore au grand galop, éperonnant atrocement ma monture, j'arrivai au village, où, à cent cinquante mètres du château j'entendis deux coups de feu. D'où partaient-ils et à qui s'adressaient-ils? ?... Et je descendis devant le grand portail où je m'engouffrai accablé de fatigue et sans avoir rencontré sur ma route, aucun être vivant, si ce n'est un serpent sur lequel, sans le vouloir mon cheval mit le pied. Comme paysage une nature absolument luxuriante et quelques tombes éparses sur les bords de la route.

*
* *

Cependant la réponse de l'Evêque d'Ajaccio, ne laissant point de tranquillité à Madame de C... elle résolut de faire partir son fils à Anglet : « Mais de grâce, me dit-elle, ne nous quittez pas, ayez pitié de nous ! »

— Fort bien dis-je, (malgré que j'aie toujours demandé à m'en aller, de mois en mois le départ était retardé ; j'en ai ainsi passé quatorze dans ce château de Corse).

— Et comment ferez-vous partir votre fils, continuai-je ?

— Cette nuit même, j'irai l'embarquer à Ile Rousse.

— Parfait ! mais comment sortirez-vous d'ici, la voiture étant obligée de passer devant la demeure de la demoiselle ?

— J'ai fait prévenir un voiturier de Calvi, qui s'arrêtera à cinq cents mètres d'ici et nous attendra sur la route. Nous sortirons alors du château très silencieusement et, à pied, nous suivrons l'étroit sentier qui borde la mer non loin de la grand'route qui va directement à Ile Rousse. Puis, nous monterons tous trois en voiture ainsi qu'un domestique et filerons à bride abattue vers le bateau.

Nous pûmes, heureusement, arriver sans encombre à Ile Rousse, mais que trouvâmes-nous sur le quai, en face du bateau, en partance et, de plus, à quatre heures du matin ?...

Le père de la demoiselle qui s'approcha de nous, en demandant à Madame de C... l'autorisation de prendre son fils à part, durant cinq minutes seulement.

Madame acquiesçant fort poliment à la demande du père, son fils s'en fut à l'écart causer une dizaine de minutes, et revint vers sa mère à laquelle il dit, simplement, que le père de la jeune fille lui avait ordonné de toujours songer à ce mariage et à la parole donnée par sa mère.

Un silence morne accueillit ces paroles et un instant après le fils partit fort chagriné de quitter sa mère qu'il aimait tant et nous entrâmes au château, sans dire quoi que ce soit, durant les sept kilomètres que nous avions à effectuer. En arrivant, cependant, il me prit fantaisie d'aller à la cuisine, afin de voir si un petit déjeuner avait été préparé, lorsque j'aperçus à côté de la grande cheminée un homme assis, vêtu d'un costume de velours marron très usagé et un fusil adossé près de lui.

— Quel est cet homme ? demandai-je à la cuisinière corse.

— Oh ! me répondit-elle, c'est un cousin qui est venu me voir.

C'était peut-être un cousin, mais n'en étant pas bien sûr, je demandai encore à la cuisinière i, avec ce fusil à son côté, ce n'était pas un bandit.

— Taisez-vous, me dit-elle en mettant son doigt sur la bouche. Vous l'avez dit. Il a passé la nuit ici, vous a suivis le long de la mer jusqu'à la voiture et vient de déjeuner.

Je sus trois jours après, lorsqu'il partit, que cet homme était bien un cousin de la cuisinière ayant souvent logé chez son frère, mais qu'il avait regagné le maquis. Il devait être âgé d'une cinquantaine d'années.

J'en vis d'autres aussi. Le fameux Capa entr'autres, homme excellent et terrible à la fois, car tout bandit qu'il était et gardant constamment le maquis, il s'inquiétait des méfaits que pouvaient commettre les Italiens et avait la passion de les réprimer et de dure façon. Ainsi, un jour qu'un pauvre enfant pleurait sur la route, Capa qui fut tué bien près du village à un endroit qu'on appelait : « les petites écuries », Capa lui demanda, ce qu'on lui avait fait. L'enfant répondit qu'un Italien lui avait volé une paire de souliers appartenant à son père.

— Et tu le connais ? demanda Capa.
— Oui, dit l'enfant, il demeure dans une maison près d'ici.
— Ah ! dit Capa, tu vas me le montrer.

Ce que fit l'enfant. Alors Capa s'approchant de l'Italien, lui dit de le suivre, afin qu'il lui apprenne une nouvelle. L'Italien confiant le suivit et dès qu'ils furent un peu éloignés de la maison, Capa lui dit : « Tu es un voleur, tu as dépouillé cet enfant des souliers de son père. Il te reste deux minutes pour faire ta prière » et il le tua d'un coup de fusil.

Tel était ce fameux Capa dont on a tant parlé en Corse.

* * *

Mais le fils de Mme de C... ne demeura pas longtemps à Anglet. Sa mère lui manquait et il revint pour éprouver encore de nouveaux ennuis, car, quelques jours après son arrivée, nous fûmes invités par le maire d'un village voisin et nous y rendîmes encore par des moyens ordinaires, à travers de petits sentiers rocailleux. Au retour du déjeuner, vers cinq heures du soir, nous trouvâmes sur la même route que nous descendions un domestique à cheval et armé venant nous dire de prendre de suite la route de Corbara et d'entrer avec nos chevaux au couvent des Dominicains de la Province de Paris, où nous étions attendus.

— Pourquoi ? dit le fils de Mme de C... ?
— Un coup de feu a retenti pendant que Madame sortait du château et elle a dû rentrer aussitôt.
— Sait-on s'il a été tiré en l'air ?

On ne sait rien, répondit le domestique corse aussi et il ajouta : « ce qu'il y a de certain c'est qu'un cousin de la

demoiselle venu de l'intérieur de la Corse, a été vu ici ce matin
et je crois bien qu'il n'est pas venu pour rien» .

— Parfait ! parfait ! dit le fils d'un air résolu. Mais je rentre
au château et vous prie de nous suivre, sans m'en dire davantage.

Le jeune de C..., lui aussi, tirait joliment bien ! Et reprenant notre route, malgré que nos chevaux eussent beaucoup
de peine à descendre ces sentiers rocailleux, ce qui nous prit
assez de temps, nous arrivâmes au village sans encombre,
laissant nos chevaux devant le grand portail.

Au moment du dîner, cependant, comme nous nous ren-
dions à la salle à manger, éclairés dans le grand couloir par
un domestique, un nouveau coup de feu retentit encore et
le fils de C... qui du judas : « *Quid vis* », vit un homme traverser la place déserte en courant, cria aussitôt : « Oh ! maman un homme a dû sortir de la tour à côté. Je l'ai vu courir
et se diriger du côté de la mer. » Mais Madame de C... qui
ne perdait jamais son sang-froid, ordonna qu'on servit le
dîner au salon du premier étage.

Nous suivîmes donc le domestique et à peine étions-nous
arrivés au salon, qu'un second coup de feu se fit entendre et
personne encore ne bougea dans le village. Pas même le
maire qui connaissait l'extrême bonté de cette famille.

Ah ! tous ces gens-là observaient bien le proverbe : Entre
l'arbre et l'écorce il ne faut jamais mettre le doigt !...

Et nous dinâmes sans appétit, après avoir tout fait verrouiller
dans le bas du château. Puis nous montâmes sur les terrasses
afin de voir des petites échauguettes et des meurtrières.
d'où partaient les coups de fusil, de façon à riposter au besoin, car nous étions tous bien armés, même les domestiques.

Ceux-ci, en Corse, prennent malgré tout, même au milieu
d'une « vendetta », la défense de leurs maîtres, témoin la
vieille servante du fameux bandit Bellaccocia, qui gardait le
maquis, armée constamment d'un fusil et même d'un poi-
gnard.

Et la nuit se passa jusqu'à quatre heures du matin, dans
un silence morne, hors le bruit des coups de feu tirés on ne
sût d'où.

On eut soin, cependant, de bien capitonner le vitrail de
ma chambre, avec de grandes planches, comme les jours

précédents, cette pièce donnant sur un rocher fort proche, duquel je pouvais être tué dans mon lit. Mais ce fut mon dernier jour en Corse, car, le lendemain matin, la gendarmerie vint et constata du dégât à l'embrasure de pierres du grand portail. Le chef de ces gendarmes engagea même beaucoup Madame de C... à faire partir son fils dans la journée ; il le ferait accompagner jusqu'à Bastia et ne le quitterait qu'au bateau en ayant reçu l'ordre. « Je profiterai aussi de ce départ, dis-je, pour accompagner votre fils à Anglet car ici la situation est intenable. » Et à deux heures de l'après-midi le maire vint nous prendre au château, nous accompagna à la gare, puis nous remit à deux gendarmes qui nous accompagnèrent jusqu'au bateau. Arrivés à Nice, nous prîmes le train vers Anglet et Bayonne !

XIV

Anglet-Bayonne -- Gugliel

Je revins dans ce Bayonne que je revoyais toujours avec
le plus grand plaisir, car, de toutes les villes de France que
j'ai parcourues (et elles sont nombreuses), c'est celle qui a
toutes mes préférences, non seulement parce qu'elle est
mon pays, mais aussi pour l'agrément qu'elle me procure.
Je n'y passai cependant que quelques mois, mais suffisants
pour assister à des incidents auxquels je ne m'attendais
guère.

Ainsi, revenant d'Anglet un soir et assez tard, devant être
absolument à Bayonne le lendemain matin, je me décidai,
n'ayant plus de tramway, à faire la route à pied. En passant
devant l'église, jetant les yeux, malgré une nuit noire, sur
la tente d'officier abritant autel et tombeau du brave ami
qui mourut dans la maison d'où je sortais, j'entendis bien
distinctement une voix stridente qui cria: « Achille ! » Oh !
me dis-je, c'est la voix d'Olivier. Je m'arrêtai aussitôt, fixai
la tente d'officier qu'on aperçoit encore de la route et atten-
dis. Mais un silence morne succéda à ce cri et après avoir salué et recommandé à Dieu la belle âme de cet ami si regretté,
je descendis vers la grand'route, car je devais être, sur une
promesse sérieuse, à Bayonne le lendemain matin, afin d'assister à la bénédiction nuptiale de deux artistes du Théâtre

de Bayonne. Elle devait leur être donnée secrètement à la cathédrale.

Nous nous y rendîmes donc, le régisseur, une chanteuse et moi, à l'heure indiquée et vîmes une deuxième dugazon et un jeune premier agenouillés non loin du maître-autel. Sans nous approcher trop près d'eux, malgré que les époux fussent assurés que nous serions témoins de cette cérémonie, nous les vîmes se pressant les mains, pendant que le prêtre célébrant la messe, se tournait vers l'assistance en faisant le signe de la croix. Mais dès que le prêtre se retourna et fit face à l'autel, les deux époux reprirent en desserrant, leurs mains, la position naturelle. Ils étaient donc bénis, le mariage avait eu lieu, mais ils restèrent agenouillés jusqu'à l'*Ite Missa est.* Cette deuxième dugazon était d'origine espagnole, et l'on sait qu'en Espagne certains mariages ont eu lieu de cette façon.

Maintenant quel motif avait obligé ces époux à se marier ainsi ? Nous ne le sûmes jamais et ne le demandâmes pas.

Tout ce qu'on peut dire, c'est qu'ils devaient être animés, malgré tout, des meilleurs sentiments et être bien assurés. que leur amour serait éternellement réciproque.

Et tous cinq, sortis de la cathédrale, nous fûmes à la Chambre-d'Amour, faire un excellent repas, où rien ne manqua, pas même la plus franche gaité et la plus grande joie chez les époux, charmants tous deux et vraiment faits pour l'amour.

Cette grande journée pour l'épouse, ne l'empêcha pas le soir, obligée qu'elle y était, de chanter son rôle dans les *Mousquetaires*, rôle de jeune fille où elle était charmante. Et moi, son témoin, je fus contraint de lui chanter, en mousquetaire revêtu de la robe de bure de moine : « On sent que sous ma robe sainte, c'est le cœur d'un soldat qui bat », sachant parfaitement, que le four ne chauffait pas pour moi. Mais ce n'était que du théâtre !...

Ce fut aussi durant cette soirée, que le fameux Gugliel (dont « Peillic » et « l'Oiseau bleu » Cazauran ont parlé dans *le Sud-Ouest* et le *Courrier de Bayonne*) me souffla en patois, en basque et en espagnol. Cela, au fond, ne m'inquiéta pas trop, car je possédais mes rôles et n'avais pas absolument besoin, comme on dit au théâtre, que le souffleur m'envoie la becquée. Mais, lorsqu'on vient de chanter une romance, dans laquelle on a dû mettre toute son âme, le récit parlé qu'on a à débiter ensuite n'est pas toujours présent à la mémoire et ce jour-là, après tant d'incidents tristes et gais à la fois, il le fut moins que d'habitude. Donc, aussitôt après cette romance, j'entendis Gugliel me dire en patois : « Ban à l'Euspagno », et autres bêtises qu'il ne cessait de dire depuis le commencement de cet opéra.

Franchement, après ces paroles, cela devenait trop fort, et je donnai un coup de pied à son pupitre qui alla ébrécher légèrement son visage, et je le priai à haute voix de me souffler en bon français. Mais il n'en eut plus le temps, car le régisseur général le fit remplacer instantanément par un second souffleur et ce pauvre Gugliel fut congédié. Je le regrettai vivement, car c'était l'homme le plus amusant et le plus caustique que je vis au théâtre, mais bohème en diable.

Il ne m'en voulut pas. Le lendemain je le rencontrai près des halles, où je l'entendis dire à haute voix à des enfants qui l'interpellaient : « Allez pouraille ! vous êtes les bâtards de mes bâtards ! » Il s'approcha et me dit : « Crois-tu, cette rosse de directeur, résilier mon engagement ? »... Je regrette fort, lui répondis-je, d'en être cause, mais franchement j'étais à bout de patience. — N'importe, mon cher ! il a été bien dur pour moi ; mais à son grand ennui paraît-il, tu leur coupes la patte à tous. Ah ! que veux-tu, ajouta-t-il, Napoléon Ier n'a gagné des batailles qu'avec la vieille garde !... »

J'avais alors trente-neuf ans !

Puis, la saison se termina cahin-caha, grâce à de constants et nouveaux débuts, effectués devant un public jamais satisfait et qui, comme cadeau, faisait remettre en scène, à des chanteuses, des bouquets flétris, ainsi que je le vis dans la Traviata. J'étais à côté de la chanteuse, qui, dès qu'elle le reçut de la main du chef d'orchestre qui ne dut pas le regarder avant, le jeta brusquement à terre. Quelque temps avant, un sifflet d'argent fut ainsi envoyé en scène à un ténor qui dit en le recevant : « Je le ferai fondre ! »

XV

Aux Antilles

Après cette saison de bouquets flétris et sifflets d'argent si gracieusement offerts, je partis à Saint-Pierre de la Martinique, (Antilles) qui possédait alors un superbe théâtre, datant de l'époque où beaucoup de cadets des familles nobles de France, vinrent s'établir dans cette île. Louis XIV, leur distribua de grandes terres, afin qu'ils les fassent fructifier grâce au travail de nombreuses familles nègres qui leur furent données, car l'esclavage existait alors.

Je me décidai bien difficilement à signer un tel engagement, mais lorsqu'il fut entièrement rempli, je ne fus point fâché de l'avoir accepté, car je devais goûter les sensations les plus nouvelles de ma vie, depuis mon départ du port de Saint-Nazaire, jusqu'au moment où, du paquebot partant pour la France, je perdis de vue l'île où je venais de séjourner.

Ah ! je quittai Saint-Nazaire la mort dans l'âme, ainsi que quelques artistes de la troupe. Nous fûmes un peu égayés cependant devant le paquebot « *Ville de Brest* » sur lequel nous devions nous embarquer sur l'heure, par la réflexion que fit un vieil instituteur, mari d'une forte chanteuse falcon de grand opéra : « Ce fameux paquebot qu'on nous a tant vanté, mais c'est une coquille de noix ! » s'écria-t-il abasourdi. Il en fut ainsi, durant presque tout le voyage.

Ce ne fut qu'à partir des Açores, que nous pûmes jouir

d'un temps doux et ensoleillé, car jusqu'à ces îles, nous dan-
sâmes dans le Golfe de Gascogne et, à table, la casse de verres, de bouteilles et d'assiettes fut considérable.

Un grand ennui aussi vint gâter le plaisir qu'on pouvait
avoir par une mer beaucoup plus calme. Les cabines commençaient à sentir tellement le graillon qu'il fallut dormir pendant neuf nuits sur un banc du pont du bateau, la chaleur
devenant intense, et encore avec un bandeau sur les yeux,
afin d'éviter la goutte sereine. Le lendemain, cependant,
après un déjeuner succulent au possible, servi sur le pont,
arrosé de vins vieux et de fines exquises, accompagné de café et d'excellents havanes, nous descendîmes tous au piano
du salon, afin de répéter un opéra, qui, loin d'incommoder
les passagers du bord, leur procurait, au contraire, le plaisir
de savoir, comment se préparait la cuisine théâtrale. On commença donc. Mais lorsque la basse noble de grand opéra, qui,
répétait le rôle du Chevalier Bertram de l'opéra *Robert le
Diable*, chanta le passage : « Sinon la mort », il s'écria : « C'est
fort curieux ; depuis que nous vivons dans cette chaleur, je
sens que ma voix monte, car je ne puis donner mon contre-mi
bémol, aussi facilement qu'avant. — Mais c'est comme ma
femme répondit l'instituteur, en interrompant la répétition,
sa voix faisait ça... (et il ouvrait le bas de ses mains en joi-
gnant le bout de ses doigts), et maintenant, ajouta-t-il, en
faisant toucher les pommes de sa main et en écartant le bout
des doigts, elle fait ça, et davantage encore. »

— Oh! que c'est drôle, dit un passager : La voix a donc
monté ?

— Sans doute, répondit l'instituteur.

Et il alla au piano toucher le mi, qu'il donna à son tour,
d'une voix qui fit mourir de rire, même le chef d'orchestre.
Et il s'écria encore : « Oui, oui, je suis certain aujourd'hui,
que la grande chaleur fait monter la voix, car je donne le mi
bien plus facilement qu'avant !... »

Les répétitions cependant devenaient difficiles. On dut,
même les supprimer, car les sept derniers jours de traversée
furent bien mauvais. Nous ne pouvions plus voir les requins

que la nuit. Il y en avait même un grand nombre suivant le
bateau, se tenant à ses côtés. La mer était si mauvaise, que
le commandant du bord, qui gardait sa cabine depuis le départ de Saint-Nazaire, se fit transporter sur le pont, afin de
prendre les dispositions nécessaires, pour conjurer peut-être
un naufrage, le bateau se trouvant paraît-il, à la queue d'un
cyclone. Mais on dut bien manœuvrer, car deux jours après,
nous étions devant la Pointe-à-Pitre, dont la vue nous émer-
veilla, surtout par cet îlot situé entre la Guadeloupe et la
Marie Galante, dont les palmiers géants offraient le plus beau
coup d'œil. Des embarcations nous entouraient, remplies de
nègres presque nus et couverts de sueur, malgré que l'aurore
se levât à peine, ils venaient aider au débarquement des passagers descendant à la Pointe-à-Pitre.

Mais cette heure matinale n'empêcha pas le vieil instituteur, qui nous amusa tant, d'être sur le pont. Au départ
de Saint-Nazaire, un acteur le voyant fort intrigué par
des boîtes reposant sur le pont et qu'on descendit le
lendemain à fond de cale, lui dit : « Ces boîtes paraissent
vous intriguer ? Eh bien, vous n'êtes pas le seul qui se
demande ce qu'elles peuvent contenir. Elles sont dit-on
(et l'on tient cela du commissaire du bord), remplies de
« couvre-objets » ce que l'instituteur crut et colporta parmi
les artistes et certains passagers. Durant le voyage, il fit
aussi l'inimaginable pour connaître le propriétaire de ces
boîtes ; on le lui fit voir. Mais, si surpris de sa tournure,
il s'écria : « Quelle allure, cet homme ! jamais je ne pourrai l'aborder afin de savoir ce qu'il entend par couvre-
objet. » Il ne lui parla donc jamais. Cependant, debout sur
le pont, car ce possesseur des boîtes descendait à la Guadeloupe, il fut impatient de les revoir, n'en connaissant le contenu que par ce qu'on lui en avait dit. Et, s'approchant du
marchand qu'il salua, il lui dit : Pardon Monsieur, de vous
faire une demande ?

— Eh bien, lui répondit immédiatement le possesseur de
ces boîtes qui tenait à être bref. A votre âge ça ne vous
serait d'aucune utilité. »

Stupéfait d'une telle réponse, l'instituteur se tourna sans
le vouloir du côté des boîtes. Il vit sur un petit papier appo-
sé contre l'une d'elles, deux mains dessinées et représentant

le geste qu'il fit au salon lors de la première répétition. Au-dessus, sa caricature en chapeau de toile blanche, ainsi qu'il le portait depuis Saint-Nazaire, et aux yeux un lorgnon de couleur, au cordon noir duquel était attaché un cigare.

Il s'en fut consterné. Pour moi je n'eus pas le désir de descendre à la Guadeloupe tant il faisait chaud. Mais deux artistes y furent et revinrent bientôt chargés de fleurs, de pots de confiture de goyave, d'ananas et de superbes bananes mûries sur l'arbre et que nous mangeâmes tous, en un véritable régal, sur le pont du bâteau. De jolies mulâtresses nous entouraient vêtues fort légèrement d'éfoffes châtoyantes et parées d'une verroterie blanche et de couleur brillant avec un vif éclat à ce soleil si ardent des Antilles. Les unes se rendaient à St-Pierre Martinique et les autres à Fort de France.

*
* *

Mais quelle arrivée à Saint-Pierre, le lendemain à cinq heures du matin !

Nous étions tous en nage, et je monologuais : « Franchement, engagé ou non, si mes bagages n'étaient à fond de cale, mélangés à ceux de tous les artistes, je ne quitterais sûrement pas le bateau et je descendrais bien vite dans une île voisine, afin de regagner Bayonne au plus tôt ! » Car je n'y tenais plus, tant la chaleur était suffocante.

Mais il fallut descendre et assister à un spectacle inoubliable. Le port était rempli de noirs, de négresses et de mulâtresses, venant souhaiter la bienvenue à tous les blancs arrivés fraîchement d'Europe. Pour tous ces habitants des Antilles, il n'y a que ceux-là, qui, à leurs yeux, ont une valeur réelle, même considérable, les blancs étiolés nés aux Antilles, étant loin d'être pour eux, des blancs purs.

Je fus conduit à l'Hôtel des Bains, peu éloigné du port. L'on pouvait être fort étonné, de l'aspect de son entrée et du rez-de-chaussée, où, immédiatement, après avoir traversé un couloir très large et peu long, je me trouvai devant un grand carré de gazon et de fleurs, empli de hauts palmiers et d'énormes tortues, dont bien certainement, les belles carapaces étaient beaucoup plus grandes que celle qu'on voit au château de Pau et qui servit de berceau à Henri IV enfant.

Une large allée bordait ce grand carré de gazon et de fleurs, on y voyait des cabines de bain et des salons à douches. Et, à côté de tout cet attirail de bains, se trouvait un grand patio pavé de longs carreaux de pierre, ainsi que trois jets d'eau bien fraîche et parfois glacée, et non loin desquels se trouvait l'escalier. Le patron de l'hôtel, noir comme du geai et suivi pas à pas d'une belle négresse, me fit monter au second étage et à la grande chambre qui m'était réservée. Elle avait trois fenêtres sans un carreau de vitre, fermant à l'aide de volets bien pleins.

Ce qui me surprit surtout, ce fut l'immense lit où, certainement, six personnes auraient pu prendre place et dormir à leur aise, si elles n'avaient éprouvé cette chaleur torride. Je fus très satisfait de voir ce grand lit, car, durant les nuits je ne pouvais m'endormir, la chaleur sévissant presque aussi fortement que dans la journée. Je ne pouvais supporter la moindre couverture ; alors dès que ma place était presque brûlante, je passais à la froide. Et combien de fois m'est-il arrivé de parcourir deux fois, la largeur de mon lit ? Il fallait aussi, orner ses oreilles de ouate, afin d'éviter d'être piqué par un insecte qui les guettait toujours. Ce volatile arrivait en sifflant fortement et pouvait entrer assez facilement, obligé qu'on était de dormir les volets grands ouverts.

Fort heureusement, un grand tub, placé au milieu de mon énorme chambre, était constamment rempli d'eau fraîche, qu'une bonne négresse changeait très souvent et un grand lavabo à robinets énormes, répandait à loisir, de la fraîche eau courante.

Le patron noir me dit : « C'est loin de ressembler à vos chambres d'Europe, n'est-ce pas, béqué ? »

— Ma foi oui, répondis-je. »

Et il ajouta en me montrant la négresse :

« Voici la servante qui sera constamment à vos ordres dès que vous sonnerez. »

Certes, il était facile d'en mettre une à mon service, car, il y en avait au moins une vingtaine dans cet hôtel des Bains, vêtues de robes de couleur les plus vives, en savates, sans chaussettes, mais portant au cou et aux oreilles, de la verroterie en masse, et ma foi, produisant de l'effet. Avec cela serviables au possible. Donc la première parole que m'adressa

cette belle négresse fut pour me demander (et en me tu-
toyant) si je voulais d'abord boire un lait de coco. « Comment
donc ? répondis-je joyeux ; mais tout de suite ! » Et elle m'apporta un énorme coco, dont, fort lentement, elle vida le lait
dans un délicieux bol bariolé de couleurs vives. J'en bus aussitôt quelques gouttes, mais le laissai vite, car il me sembla
avaler une purge. Aussi durant tout mon séjour aux Antilles,
je n'en bus jamais.

« Mais si tu n'aimes pas le bon lait de coco, on peut te
donner autre chose ? dit la négresse . Et puis tu vas prendre
ton bain ».

— Ah ! oui répondis-je et elle commença à m'aider à me
deshabiller, ce qui nous donna beaucoup de peine, car cale-
çon, flanelle, chaussettes et chemise étaient collés sur mon
corps. Et quel bonheur ce fut, lorsque bien épongé, elle me
revêtit d'un peignoir délicieux, en me disant du ton le plus
calin : « Bel Bequé, ce peignoir ne sera que pour toi. » Je l'en
remerciai et descendis heureux, croisant des baigneurs qui
remontaient chez eux, ainsi que des négresses et mulâtresses,
semblables à des almées. Je fus reçu, à l'entrée du carré de
gazon aux fleurs et tortues, par un grand nègre auquel je
demandai à être bien douché.

— Tu ne veux donc pas de bain ?

— Peut-être demain, répondis-je. » Et il ouvrit une salle,
où une grande cage emplie de jets était installée et lorsque je fus bien aspergé, d'eau fraîche, il versa dans une cu-
vette, un litre de tafia ou jeune rhum, à soixante-cinq degrés
et me frictionna jusqu'à l'épiderme, en me disant encore :
« Tu es au paradis maintenant Béqué ? »

— Oh ! oui, répondis je. Retiens moi, car je vais m'envoler.

— Non, me dit il, je vais te porter dans ta chambre.

— Oh ! je monterai bien seul !

Et arrivé dans ma chambre, je trouvai mes colis renfermant
mes effets de ville seulement, que j'eus grand soin de garder
avec moi durant la traversée. Ma bonne négresse, qui guettait ma sortie du carré de gazon, me suivit lentement, sans
que je l'aperçoive et voulut à tout prix m'aider à me vêtir,
ce que j'acceptai avec plaisir.

Et cette toilette faite avec le plus grand soin, grâce à la
précieuse aide de la négresse, qui répétait toujours, me ca-

ressant tout en ajustant mes vêtements : « Oh bel Béqué ! »
(qui en langue martiniquaise veut dire : Beau blanc), je descendis à la salle à manger, qui se trouvait près du patio.
Et là, il me fut servi à la petite table qui m'était réservée, un
bouillon de tortue que je trouvai excellent. Je demandai si
la chair me serait servie.

« Non, répondit le nè re, en bras de chemise et cravate
rouge. Mais pourtant si tu veux de la viande de tortue, je
t'en apporterai. » Ce qu'il fit aussitôt. Mais cette chair était
vraiment si coriace, que je la laissai et goûtai à trois mets
excellents que le nègre servit. Et, ce fut bien souvent, que
je mangeai à peine, ne pouvant digérer et me voyant parfois obligé de boire, après mon potage, un verre de cognac
qui me donnait du cœur, pour pouvoir achever mon repas
sans fatigue.

Ah ! par exemple, lorsqu'on m'apporta ces bananes mûries sur l'arbre et non à bord des bateaux qui les vendent aux
commerçants des ports, puis, ces ananas au rhum, vieilli
dans de grands fûts ayant contenu Xerès, Porto, et Malaga ;
ces poires canelle contenant une crème exquise et ces confitures de goyave merveilleusement présentées, il me semblait
vraiment, malgré cette chaleur intense, être au Paradis, tant
le suc de ces fruits, mûris non loin de ma demeure, me paraissait savoureux !

*
* *

Il fallut cependant, après le déjeuner, aller au théâtre,
afin de répéter mon rôle dans *Lakmé*. Mais ayant peu à faire dans cet opéra, je passai mon temps à bien examiner ce
beau et grand Théâtre. Il a été détruit, depuis paraît-il, en
très grande partie, par l'horrible désastre que produisit l'éruption du fameux Mont Pelé, situé non loin et presque en
face de ce vieil édifice, dont la belle façade à colonnes de
pierre ressemblait, en moins grand, au théâtre de Bordeaux.

Quant à Saint-Pierre, de même que presque toutes les
villes des Antilles, il ne ressemblait, alors, qu'à un très grand
village semé, par-ci par-là, d'anciennes constructions seigneuriales tombant de vétusté. Même constatation pour les
noms des habitants. Il y a des blancs, nés dans le pays, qui

portent des noms splendides : Les Assié de Pompignan, les Du Châtel, Pellerin de la Touche etc., et ces gens-là sont aujourd'hui complètement ruinés. J'ai même connu un jeune du Châtel, descendant des cadets de France, simple commis dans un magasin de nouveautés.

Les noirs et mulâtres occupaient tous les postes : grand commerce, barreau, notariats, études d'avoués, présidents et juges au Tribunal, médecins militaires, civils. Tous étaient mulâtres ou nègres. Le maire et tout le conseil municipal étaient des noirs.

Pour revenir à ce théâtre de Saint-Pierre, une chose m'étonna fort. Ce fut le haut de la scène au-dessus des portants de coulisse servant à accrocher les décors d'une pièce s'ouvrant à volonté, se fermant de même et possédant à ses quatre grands cotés de fortes barres de fer, auxquelles étaient suspendus d'énormes paillassons qu'agitaient des nègres au-dessus des artistes, durant les représentations. ce dont nous étions bien heureux, car ces paillassons agités mollement produisaient tout l'effet d'une brise douce et parfumée, les plantes les plus belles et les plus odoriférantes. demeurant dans les coulisses et le jour et la nuit.

On donna donc *Lakmé* avec le personnel d'Opéra-Comique et l'interprétation en fut fort belle, grâce surtout à une exquise chanteuse légère, nommée Mademoiselle Marsan qui personnifia et chanta ce rôle difficile d'une façon vraiment merveilleuse. Mais ce que l'on ne pourra jamais oublier ce fut la figuration, composée d'Indous véritables, ainsi que leurs femmes et leurs enfants, dans leur costume national, un peu en loques, évidemment, ces gens n'étant considérés que comme les parias de Calcutta et de Madras, venus aux Antilles pour travailler la canne à sucre, les nègres supportant moins bien qu'eux l'ardeur du soleil. Et ces types superbes, figurant sur une scène constellée de fleurs répandant un parfum exquis et cette salle garnie du public le plus bigarré qui fût, n'était-ce donc pas fait pour étonner et éblouir ?

Et ce ne fut point la seule soirée enchanteresse.

Un paquebot français fit escale à Fort-de-France, ville proche de Saint-Pierre. Un jour — entre parenthèses — j'y contemplais la beauté de la grande savane. ornée de la statue de l'Impératrice Joséphine, non loin de laquelle se trouvait une allée très touffue, lorsqu'un vieux nègre, me voyant y passer, me cria en s'approchant : « Ne te promène pas là dessous, car tu vas attraper la fièvre, les arbres de cette savane la donnant aux continentaux ».

Ce paquebot fit donc escale à Fort-de-France pour cause d'avaries et dut y rester quatre jours, ayant à bord le fils de Lesseps et plusieurs ingénieurs se rendant à Panama. Ils demandèrent ce qu'on pourrait bien voir d'intéressant dans ce pays. Quelqu'un s'avança alors et dit à Monsieur de Lesseps que, ce même soir, on jouait l'*Africaine* au théâtre de Saint-Pierre et qu'il serait surpris ainsi que ses amis, non seulement de la valeur des artistes, mais aussi de la figuration nègre et indoue dans les ballets et la marche indienne. « Fort bien, répondit de Lesseps. Mais comment nous y transporter ? »

— Il est bientôt trois heures, répondit le mulâtre éduqué ; un petit bateau excellent partira pour Saint-Pierre à quatre heures du soir et vous y arriverez à six heures.

Maintenant aurez-vous des places pour ce soir ? C'est douteux. Mais peut-être ferez-vous bien, ajouta le mulâtre, de télégraphier au directeur du théâtre. » C'est ce que fit de Lesseps et ils purent partir pour Saint-Pierre.

Nous vîmes donc, le soir, le fils de Lesseps et cinq de ces Messieurs, tous ingénieurs, au deuxième rang des fauteuils d'orchestre que plusieurs abonnés leur cédèrent. Jay Gould, le richissime américain du Nord, assistait aussi à la représentation avec sa famille. Ah ! ce Jay Gould ! Je ris bien, un jour qu'il descendit à terre au restaurant de l'Hôtel des Bains, pour déjeuner, afin de donner quelques heures de repos à ses cuisiniers du bord, ayant son admirable yacht devant Saint-Pierre depuis deux mois ; cela lui permettait de correspondre avec le monde entier durant des heures, puisqu'il payait le bureau télégraphique jusqu'à trois et quatre mille francs par jour, afin de l'avoir à son entière disposition.

Donc, à ce déjeuner auquel j'assistai et qui eut lieu à une grande table se trouvant près de la mienne, il y eut vraiment de quoi rire lorsqu'on apporta pour Jay Gould et sa maison, deux immenses omelettes baveuses, comme jamais je n'en vis, pas plus que des plats aussi grands. Puis un énorme chapon truffé avec sa grande queue en trompette

qui fit rire tout le monde aux éclats. Il paraîtrait même que
Jay Gould aurait dit qu'on devait les prendre pour des
Gargantua. Le déjeuner ne fut pas cher cependant, car de
l'aveu du patron, il ne coûta, pour douze personnes, que
cent vingt-cinq francs, et les deux nègres qui servirent à
table reçurent un pourboire magnifique. Au reste, Jay
Gould le pouvait étant paraît-il, à cette époque, possesseur
d'une fortune s'élevant à des millions de dollars. C'est sa
fille que je vis à ce déjeuner, qui épousa le duc Elie de Tal-
leyrand-Périgord, prince de Sagan.

Mais le soir, à quelle représentation assistèrent-ils ?

Elle fut féerique. Le fort ténor Bugognani, la femme de
l'instituteur et le baryton Monnier furent splendides. Ce
fut pourtant au ballet composé de jeunes négresses et de
nègres, presque nus, n'ayant pour tout vêtement qu'un petit
pagne à mi-corps et au cou et aux bras que bracelets, bagues
et colliers, qu'allèrent fréquemment les applaudissements
et l'admiration de ces Messieurs. Ce ballet était réglé de
de main de maître par un danseur français, et dansé par ces
nègres avec une fougue qui transporta tous les spectateurs.

Puis, après ce ballet qui fut bissé, trissé, que sais-je,
ce fut la marche indienne, que l'orchestre joua pendant que
défilaient les Indous, leurs enfants et leurs femmes, maquil-
lés et tatoués de couleurs différentes, ainsi qu'ils le faisaient
dans leur pays pour une grande cérémonie, en costume national, chargés de talismans et d'ornements divers. Ils passèrent et repassèrent devant la rampe aussi majestueuse-
ment que dans les cérémonies de leur pays. Aussi, ce spectacle grandiose et si vrai, fit-il dire à de Lesseps que si l'Opéra de Paris pouvait présenter au public pareille figuration,
unique au monde et dans l'*Africaine* encore, non seulement
Paris, mais l'Europe entière accourrait.

Et ce spectacle grandiose et artistique avait lieu au milieu
de plantes, de fleurs dont la scène était jonchée, répandant
sur les spectateurs une senteur exquise, se mariant merveilleusement avec l'opéra l'*Africaine* et ses magnifiques
décors.

Quelle soif inextinguible aussi, après ces merveilleuses
soirées ? Même après avoir bu quantité de punch au rhum
excellent là-bas, je rentrais à l'hôtel mourant de soif et vidais

mon cruchon d'eau glacée, au risque de mourir, à tel point que craignant d'en manquer encore je sonnai et vis arriver, cette fois, une mulâtresse au type extraordinaire et comme je n'en avais vu encore, ni à l'hôtel ni à Saint-Pierre. Et curieux de savoir par quel mélange avait été obtenu pareil visage, je lui demandai si elle était de la Martinique.

« Mais oui, répondit-elle et tu n'es pas le premier qui me le demande. Eh bien, ajouta-t-elle, je suis fille d'un Chinois et d'une négresse. »

Ce mélange, paraît-il, était unique à la Martinique qui comportait cependant beaucoup de types différents, fils d'Indous, de mulâtresses et de négresses. Mais celui de chinois et négresse était horrible à voir.

Et cependant, la pauvre fille était bien douce, bien proprement vêtue et portant aussi de la verroterie à ses oreilles, à son cou, mais elle apparaissait vraiment comme une deshéritée de la nature et c'était bien pénible à constater.

*
* *

Il me tardait cependant que cette saison prit fin car les longues heures de représentation étaient terribles à passer. C'était un véritable supplice musical. J'eus cependant des heures d'agrément que me procurèrent le père et le fils Vivès béarnais d'origine avec lesquels je fis bien souvent, de belles promenades à cheval, au fameux morne-rouge. Nous nous arrêtions aussi parfois, près d'un petit sentier conduisant à une maison qu'habitait un de leurs bons amis blanc, né à Saint-Pierre et qui devint bientôt pour moi aussi, un ami véritable, que je voyais toujours, ainsi que sa femme, avec le plus grand plaisir. Il possédait la plus belle volière qu'on ait pu voir, remplie d'oiseaux aux plus riches plumages, cardinaux, capucins, colibris bleus, noirs à huppe d'or. Il nous les montrait en nous disant : « Oui, tous ces oiseaux sont beaux, mais vous ne voyez pas celui que j'affectionne le plus car il doit être unique aux Antilles. Eh bien, ajouta-t-il, c'est un chardonneret, de votre pays que je ne connais pas, fort malheureusement. Et tenez, nous dit-il, en nous le montrant, le voilà, l'apercevez-vous ?

Nous vîmes, en effet, un chardonneret dont le plumage était joliment fané et le petit corps bien alourdi.

Assurément il devait être vieux et trop accablé par le cli--mat. J'en félicitai cependant, cet homme si aimable, qui, me voyant surpris et très envieux, devant une cage contenant deux perruches bouton d'or ou appelées : Pertinax voulut à tout prix, que je les emporte avecleur cage, en m'indiquant le moyen de les apprivoiser, ce que je fis, durant mon séjour à la Martinique. Il nous dit encore : « Ce recoin de montagne où nous sommes, est le seul (et je ne sais pourquoi) où le colibri bleu, à huppe d'or, se trouve et puisse vivre. Je ne vous promets pas, me dit-il, d'en avoir un vivant, mais devant vous, j'en tuerai deux ou trois, qu'on empaillera à St-Pierre. Je me réserve cependant, ajouta-t-il, le plaisir de vous en offrir au moins deux de vivants avant votre départ pour notre chère mère patrie, cette admirable France. Il nous mena encore voir une petite cage où étaient enfermés deux charmants ouistitis qui m'émerveillèrent tant ils étaient jolis ; ce nouvel ami me dit aussitôt : « Vous allez, s'il vous plaît, en emporter un, car les deux ensemble ne font pas bon ménage et seul vous le dresserez comme vous voudrez ; des deux vous n'en feriez rien. » Pas plus que je n'en fis moi-même de deux perruches ensemble. Une étant morte tandis que je l'apprivoisais (ayant donné sur son bec un petit coup trop fort), je dressai fort bien l'autre, à tel point qu'en sortant ou allant au théâtre, je la mettais dans la poche de mon veston et elle gazouillait ou venait sur mes doigts sans jamais s'envoler. Mais je n'acceptai pas l'offre du ouistiti.

Je n'eus cependant aucune veine avec cette pauvre petite perruche, car après avoir eu l'heureuse chance de l'apporter ici, un chat, la voyant sur le balcon, bien au soleil, la fascina et dès qu'elle tomba dans la rue il l'étrangla.

Quant aux colibris bleus, bien avant mon départ, ce Monsieur m'en remit cinq que je nourrissais avec des fleurs ou de l'eau bien sucrée et c'était fort curieux de les voir, car ces petits oiseaux n'étant que des oiseaux-mouches ont un bec plus grand que leur corps et très effilé, de sorte qu'il fallait, pour les alimenter prendre un pinceau à plume assez long, l'imbiber d'eau bien sucrée et le placer horizontalement sur le bec du petit colibri. Celui-ci tire sa langue moins épaisse

qu'un fil et peut-être plus longue que le bec. puis la pose
fort bien sur le pinceau à plumes imbibé de sucre et suce
très volontfers cette douce liqueur.

J'emportai donc plus tard, lorsque je partis, mes cinq colibris bleus, mais à peine les avais-je enfermés dans ma cabine que le commissaire du bord, une brute, me défendit de
les garder avec moi, et m'ordonna de les confier aux marins
du bord, qui en auraient soin.

Mais quelques jours après, ce charmant commissaire ayant
lu sur ses l'vres que j'étais acteur lyrique (ce que je ne cachai
pas, malgré que je prisse seul de la troupe ce paquebot, voulant toucher Santander, puis de là le train pour Bayonne)
ce commissaire me demanda si je voudrais chanter pendant
l'Offertoire un morceau religieux accompagné au piano que
l'on monterait sur le pont. Car un abbé du bord devait
y célébrer une messe.

« Ah ! Monsieur lui répondis-je. Si c'eût été un autre que
vous qui m'ait fait cette demande, j'aurais accepté immédiatement. Mais allez donc demander à mes colibris dont vous
êtes l'assassin, de chanter pour moi. Je regrette fort de refuser pour une pareille circonstance; croyez bien, que pendant
la messe, je chanterai un morceau religieux, mais mentale-
ment et bien en mesure ! »

Il fit une tête !...

*
* *

Et voici que s'achevait mon séjour dans cette Martinique,
qui m'enchantait malgré une chaleur constamment intense.
Après la faune, j'allais en connaître la flore.

J'éprouvais, en effet, un très grand plaisir, à aller au jardin
botanique. toutes les belles plantes et fruits de l'Inde s'y
trouvant réunis. J'y mangeai des cerises de Chine grosses
de plus du double de celles de Guiche et meilleures encore,
et des oranges cueillies à un arbre paraissant séculaire. Puis,
je descendais tranquillement en ville, avec le grand regret
de quitter ce jardin enchanteur, un rêve s'il en fût. L'on
pouvait aussi se rafraîchir en route à un arbre appelé :
le palmier du voyageur, ayant la forme d'un éventail ouvert
et d'où coule une eau légère, limpide et fraîche, si l'on pra-
tique à la naissance des feuilles qui se trouvent à votre portée

une incision, à l'aide d'un canif ou d'une canne à lance. Un jour, revenant de ce jardin botanique plus ravi que jamais, je fus forcé, n'ayant pas d'autre chemin à prendre, de traveser une rue où des nègres et négresses, assez nombreux, passaient bras dessus, bras dessous, un masque de couleur chair sur la figure, gantés de blanc, mais répandant une odeur telle, que je dus prendre mon mouchoir, et cela en plein air !...

Mais je voyais, non sans mélancolie, approcher l'heure du départ. Que sont devenus tous les gens de cette belle époque, si braves, si bons et dont je n'eus qu'à me louer ? Je me souviens toujours d'une pauvre négresse qui s'appelait Mattiote et qui un soir (je ne sus jamais pourquoi) m'apporta, pendant un entr'acte, un bol de punch au rhum, exquis. J'appris même qu'elle s'était fait passer, chez le concierge du théâtre, pour une servante de l'hôtel des Bains.

Que devais-je donc lui rappeler pour qu'elle continue toujours et chaque fois que je chantais, à m'apporter dans ma loge ce punch qui, non seulement me donnait du cœur et du timbre, mais le conservait frais. Plusieurs fois, cependant, je le lui demandai, mais elle demeurait absolument muette, en me disant toujours de ne point m'occuper de cette question.

Sa sympathie et même son affection étaient bien grandes pour moi, car le jour du départ, m'attendant à l'entrée de l'hôtel, malgré que mes adieux lui fussent déià faits, la pauvre vieille me prit des mains les cages où étaient enfermés mes petits colibris et ma perruche bouton d'or et ne voulut me quitter qu'à la montée du paquebot, en pleine mer devant Saint-Pierre. Je la laissai faire, comme consolation dernière, je l'embrassai même avec émotion tant une affection vraiment maternelle se lisait sur son doux visage. Je ne quittai, bien triste, le pont du paquebot, que lorsque je ne vis plus l'embarcation, ni la chère Mattiote, ni Saint-Pierre et je murmurai profondément remué : « Je ne vous verrai plus ! »

XVI

Près du lac Marion -- Pauvres bêtes !

Certain soir, après mon retour en France, j'allai à Biarritz convié à un thé servi près du bois d'un beau domaine. J'y rencontrai une société charmante, ainsi que le Prince Bibidine habitant Paris depuis fort longtemps, et merveilleusement rompu à toutes les hautes convenances françaises.

Ne connaissant pas, jusqu'à ce jour, le charmant gentilhomme qui offrait ce thé un peu en son honneur, il pria son médecin de bien vouloir le présenter à lui.

L'on causa beaucoup et tous abandonnant leur chaise ou leur fauteuil s'assirent sur le gazon, où tapis et coussins étaient étendus, afin d'entendre une poésie écrite par une de ces dames et déclamée d'une façon délicieuse. Cette poésie dite, le vicomte d'Origny me dit aussitôt : « Mon cher, c'est maintenant votre tour. Veuillez donc chanter pour ces dames, le : « Vous êtes si jolie » de Tagliafico, que nous aimons tant ». Je chantai donc sans accompagnement. Mais dès que j'eus commencé, nous vîmes arriver, d'un pas très lent, deux veaux et une vache qui, peu à peu, nous entourèrent; ce qui fit dire à d'Origny : « Mais voyez donc vos auditeurs ? ils approchent de nous et paraissent écouter ce que vous chantez !... »

Et cela devait être, car lorsque j'arrivai au passage :« Quelle clarté, quelle aurore se lève », un veau leva la tête, comme pour regarder sans doute, si c'était bien l'aurore qui se levait, car, nous étions en plein crépuscule. Et il la baissa aussitôt, en la secouant de droite à gauche.

Interrompant mon chant je dis alors : « Ce veau baissant la tête et la secouant de droite à gauche, ne semble-t-il pas nous dire que c'est le crépuscule et non l'aurore qui se lève ? Et puis, Mon Dieu, ajoutai-je, qui n'a pas lu l'ouvrage de Louis Figuier de l'Institut, intitulé : *le lendemain de la Mort* ? Il vous dirait certainement, que le corps de ce veau doit abriter quelque être humain qui devait ici-bas, expier ses méfaits dans le corps d'un animal, afin d'arriver au soleil, après avoir traversé les sphères les plus éthérées !... »

Nous rîmes beaucoup et nous nous attendrîmes, en voyant ces pauvres bêtes s'intéresser à la musique. Et chaque fois que le propriétaire du domaine et les personnes qui assistaient à ce spectacle se trouvent à Paris, Nice, Biarritz ou Cannes, elles s'empressent de conter ce thé musical, ayant pour auditeurs en plus de leurs amis, deux veaux et une vache. Et, certainement, les bêtes en général doivent aimer ou ressentir profondément même, les sons d'un instrument ou d'une belle voix chantant des mélodies. J'en citerai encore un exemple datant d'assez longtemps et dont je fus témoin à Amélie-les-Bains : C'était dans un rez-de-chaussée, donnant sur un jardin d'une soixantaine de mètres de longueur et au bout duquel se trouvait le perchoir à volaille.

Dès que j'ouvrais mon piano et chantais un morceau d'opéra, une poule toujours la même, (étant seule au poulailler), accourait immédiatement. Et non contente de pénétrer dans la pièce où j'étais, elle prenait son vol, et après s'être arrêtée sur la chaise à côté du piano, d'un second vol, elle se posait sur le livre d'opéra grand ouvert et écoutait chanter en silence, ne repartant au fond du jardin, que lorsque je cessais de chanter et fermais le piano.

Pauvre poule, je la regrettai beaucoup, lorsque je quittai Amélie-les-Bains. Mais, de même que les veaux, elle a gardé tout mon souvenir ! Elle traverse peut-être en ce moment des sphères éthérées, s'il faut toujours en croire Louis Figuier. Qu'elle y soit heureuse, c'est mon plus cher désir !...

XVII

Bidache

Après avoir fort longuement parlé de l'instinct des ani-
maux au cours du thé que je viens de rappeler, le Prince Bibidine, ne voulant pas accepter une si belle invitation sans la
rendre de son mieux, invita le seigneur du domaine à bien
vouloir manger une garbure à Bidache, à l'excellente auberge de la bonne Mademoiselle Julie. Il me pria aussi, d'être
de ce charmant voyage, qui aurait lieu le lendemain soir,
ajoutant qu'il viendrait nous prendre ici, avec le docteur.

Donc, le lendemain, à quatre heures de l'après-midi, nous
partîmes d'abord pour Bayonne, où les meilleurs vins et la
pâtisserie furent commandés chez Madame Guillot. Un des
chauffeurs les plaça dans la voiture, puis nous filâmes à Bidache, où Mademoiselle Julie nous attendait sur sa porte,
ayant dû entendre, du fond de son auberge, l'arrivée sensa-
tionnelle des autos faisant de la vitesse et cornant sans discontinuer dans Bidache. Mademoiselle Julie était élégamment
vêtue, mais non toutefois comme elle le serait au moment de
manger la garbure.

Elle avait tout l'aspect d'une belle plante et le prince descendit d'auto le tout premier et il fut d'un bond à sa porte,
lui disant fort joyeux et en lui prenant les deux mains : « Ah !
chère demoiselle, que j'avais donc hâte de vous voir, car tout

le charme qu'on m'a dépeint en vous est, je l'avoue, au-dessous de la vérité ! »

— Oh ! Monsieur le prince, répondit Mademoiselle Julie, d'un petit air des plus ingénus, je crois qu'on exagère, mais, quoi qu'il en soit, soyez, comme vos amis, le bienvenu dans ma simple maison, où l'on aura, je l'espère, préparé la garbure du pays, dont je désire ardemment vous voir très satisfait.

— Oh ! charmant, charmant » s'écria le Prince, en serrant encore les mains de Mademoiselle Julie.

— Je vais, en attendant, vous faire servir Xerès, Porto ou Malaga...

— Oui, oui répondit le docteur. Et comme le Prince n'a jamais vu le château de Bidache et qu'il ne peut vraiment partir sans le connaître, nous allons tous quatre aller le visiter.

— Mais allez-y tous trois, car je me sens un peu fatigué, dit le gentilhomme du Domaine. Je vous attendrai ici sous les arbres. »

Nous fûmes donc à ce château, non éloigné de l'auberge et entrâmes dans ces ruines superbes encore, craignant cependant de tomber dans les sous-sols que nous apercevions par les énormes crevasses du plancher. Au moment où nous allions en sortir, une voix de femme, presque d'enfant, fit entendre des gémissements. Nous nous arrêtâmes aussitôt troublés même, et moi surtout car un tas de souvenirs m'assiégèrent immédiatement relativement à ces gémissements qui firent dire au Prince :

« C'est bien bizarre, car nous sommes seuls dans ce château ! »

Nous y restâmes cependant quelques minutes, afin de savoir si quelques nouveaux pleurs ne se feraient pas entendre, mais en vain. Et j'avoue qu'à ce moment-là, revenu un peu de ma surprise, tandis que le Prince se tenait à mes côtés, je me croyais au château de Corneville enfermé dans l'armure avec le vieux Gaspard qui saute sur son or, dès qu'il entend les cloches et voit entrer les chevaliers, car le Prince avait tout à fait la tête et la carrure de celui qui créa le rôle à Paris. Le docteur, qui était assez près de nous au moment où se firent entendre ces gémissements, me dit à l'oreille : « Ne vous troublez donc pas. Je vous dirai, hors d'ici, ma pensée à ce sujet ».

Et, sortant du château, n'y voyant plus le Prince, nous fîmes quelques pas vers la pelouse, et nous l'aperçûmes assis sur l'herbe paraissant sommeiller, selon son habitude. Le docteur étonné lui dit alors : « Vous dormez, Prince ? »

— Oh non. Je pensais à toutes ces marquises et duchesses qui se sont assises sur cette pelouse en compagnie de ces jeunes et élégants seigneurs d'autrefois. Que cela devait être joli à voir. Un vrai tableau vivant de Watteau ! »

Quelques instants après, nous étions tous assis au fond de l'auberge, sous une treille merveilleusement éclairée par des lanternes vénitiennes aux multiples couleurs ; et nous mangeâmes, la fameuse garbure en compagnie de Mademoiselle Julie. Durant le repas, un petit orchestre nous enchanta. Une sortie que nous fîmes sur le pas de la porte après ce succulent dîner gâta les choses, comme nous allons le voir, et notre départ pour Biarritz et Bayonne eut lieu presqu'aussitôt, dans le plus grand silence.

XVIII

De l'arcade de chez Guillot à l'archiduc d'Autriche

En effet, le lendemain du dîner de Bidache, d'Origny, qui ne put rien savoir de précis sur cette abracadabrante soirée, me chercha partout. Et, me rencontrant à Bayonne, près du Comptoir d'Escompte, il prit aussitôt mon bras et m'amena aux Arceaux du Port-Neuf, où deux dames et un monsieur, assis sous l'arcade de la pâtisserie Guillot, échangèrent des signes avec lui.

Et les reconnaissant, je dis à d'Origny :

« Mais ce sont la Princesse Murat et la Duchesse d'Elchingen qui nous regardent.

— Oui, me répondit d'Origny. Et avec elles un archiduc d'Autriche. Ah ! je vous assure quelles vont être bien heureuses de vous voir. »

J'arrivai donc près d'elles et d'Origny me présenta à l'Archiduc d'Autriche, qui me dit aussitôt, avec une extrême gentillesse, qu'il était vraiment heureux de me connaître.

— Mais moi aussi, Monseigneur, répondis-je, et je saluai la Princesse et la Duchesse, anxieuses de connaître à fond les suites de cette garbure, car la Princesse me dit : « Voyons, cher ami, d'Origny ne nous parle que de ce dîner à Bidache avec le Prince Bibidine. Et comme vous y assistiez, faites-nous

donc l'amitié le très grand plaisir, de nous conter au plus juste ce qui s'est passé. »

— Princesse, répondis-je, ce sera un peu long.

— Qu'importe, dirent l'Archiduc ainsi que la Duchesse : nous serons tout oreilles, connaissant fort bien les trois acteurs du drame (s'il y a eu drame) du moins de réputation.

— Ce dîner répondis-je, eut lieu sous une treille très éclairée par des lanternes vénitiennes et où Mademoiselle Julie qui nous reçut très simplement une heure avant, nous apparut vêtue d'un délicieux corsage de dentelle blanche et parée de fort belles bagues. Elle venait jeter un dernier coup d'œil aux apprêts de la table, lorsque le Prince lui dit du ton le plus aimable :

« Ah ! Mademoiselle, j'espère que vous allez nous faire le très grand plaisir de manger avec nous cette garbure ?

— Vraiment, Monsieur le Prince, répondit-elle. C'est beaucoup trop d'honneur que vous me faites et...

— Ah ! il n'y a pas d'honneur qui tienne, vous allez vous asseoir à côté de moi et nous ne voulons pas que vous en bougiez, ajouta-t-il en effleurant de ses mains le corsage de dentelle. »

— Et le dîner fut excellent et fort gai demanda la Duchesse.

— Oui, même agrémenté par trois excellents musiciens, Mersy, Padsalade et un violoncelliste que le Prince avait fait venir de l'hôtel du Palais de Biarritz et qui jouèrent, installés dans une petite pièce à côté, des berceuses russes délicieuses. Mais les musiciens durent voir de derrière la treille l'empressement du Prince auprès de cette demoiselle, parce que Mercy Padsalade et le violoncelliste jouèrent une fantaisie de Faust, où se trouve la phrase : « Laisse-moi contempler ton visage », que le premier violon joua, avec une douceur incroyable. Mais l'acte du jardin de Marguerite semblait devoir être exécuté presque en entier, car ils jouèrent aussi la phrase : « Je veux t'aimer et te chérir, parle encore. » Padsalade en voix de fausset imita la chanteuse dans le passage : « Je t'appartiens, je t'adore, pour toi je veux mourir. » L'on sait qu'à ce moment là, le ténor doit déposer un baiser sur le front de Marguerite, qui penche sa tête sur celle de Faust.

Le Prince prit donc la main de Mademoiselle Julie et la baisa avec une tendresse indescriptible. Il avait dû remarquer que ce baiser dans Faust avait lieu sur une ritournelle qui suit le : « Pour toi je veux mourir ».

Et ce baiser donné, cette délicieuse musique terminée, les exquises pâtisseries et vins de Madame Guillot bus, le café pris aussi, le prince manifesta le désir d'aller un peu sur la place, en face de l'auberge, se réservant le plaisir de continuer à passer une bonne soirée. Nous sortîmes, mais le seigneur du domaine ne nous ayant pas suivis, le Prince dit, inquiet : « Allons donc savoir ce qui a pu lui arriver ». Mais à peine avait-il franchi, ainsi que nous deux, la porte donnant accès à la treille que, près de l'embrasure, apparurent deux figures qui allaient se rencontrer.

Voyant cela, le Prince dont nous vîmes le désappointement, retourna dans l'auberge et dit froidement à un domestique de lui présenter immédiatement sa note. Entendant ces paroles le gentilhomme accourut et dit assez froidement au Prince Bibidine : « Je vais en payer la moitié ».

— Si vous voulez. Mais rien des musiciens. Cela me regarde. »

Et cette formalité remplie, le Prince fit appeler son second chauffeur lui donna l'ordre de partir à Biarritz avec les musiciens.

Après que nous fûmes montés dans l'auto pour retourner à Biarritz, il prit place à côté du chauffeur sans proférer une parole durant tout le voyage. Il donna seulement l'ordre de me laisser à Bayonne à l'endroit que je désirerais et d'aller ensuite au domaine reconduire le seigneur qui, paraît-il, descendit de voiture sans dire un mot au Prince, qui ne le regarda pas.

— Eh mon Dieu, dit la Princesse : Bibidine a vu que deux figures allaient se rencontrer, il n'y avait peut-être pas là de quoi se fâcher.

— Certainement non, répondis-je, d'autant plus que le seigneur m'a assuré que cette demoiselle souffrait tout le temps du dîner d'une grosse dent, et qu'il voulu' la voir de près afin d'y apporter remède, si cela était possible. Et c'est alors que le Prince rentra.

— En voilà une histoire, s'écrièrent l'Archiduc, la Duchesse et d'Origny. C'est à mourir de rire. Et la Princesse ajouta : « Voyons, voyons mon petit. Elle souffrait d'une grosse dent ?...

— C'était peut-être le contraire ?

— Mais enfin, me dit avec curiosité la Princesse, qu'a donc cette demoiselle pour avoir un tel succès ? Tout l'armorial européen qui vient dans ce pays va chez elle et en parle constamment. De Guiche, d'Uzès, de Gramont, de Luynes, de Chaulnes et même de Seyssel m'en ont fait le plus grand éloge. A tel point que je suis tentée, à mon tour, d'aller contempler cette beauté sans pareille. »

Et s'adressant à l'Archiduc :

« Monseigneur aussi, j'en suis persuadée, ne serait nullement éloigné de l'admirer.

— Ah ! oui, répondit l'Archiduc, car elle doit en valoir la peine, d'après ce qu'on en dit. » Et la Duchesse ajouta :

« Voyons parlez-nous bien franchement ? Que vous dit cette beauté ? Est-ce une Récamier ? Une tête à la Vénus de Milo, à la belle Jardinière de Raphael, à la Vierge à la Chaise ?

— Et bien, répondis-je à tout ce monde anxieux de connaître aussi mon impression : c'est ce qu'on peut appeler une beauté paysanne !

— Ah ! voilà ce que je voulais savoir, s'écria la Princesse d'un air satisfait. »

Et sur ces paroles, l'Archiduc se leva en riant beaucoup des questions de la Princesse Murat, qui, avec la duchesse, se leva aussitôt. Et j'assistai, sous cette vieille arcade, à un spectacle que jamais je ne vis. Une princesse et une duchesse allant conduire jusqu'à son auto, une Altesse Impériale et Royale à la fois, ce qui ne se voit pas, les dames ne se levant jamais, pour saluer un invité ou un ami. Et j'en fis autant avec d'Origny que je quittai, après avoir salué ces dames, qui m'invitèrent à dîner le lendemain soir à la villa Chaslon-Roussel, chez la mère de la Duchesse.

La Princesse même, en me serrant à nouveau la main avec une amabilité excessive, me dit qu'elle assisterait à ce dîner avec le plus grand plaisir.

Eh mon Dieu, après cette séance, je ne m'inquiétai pas trop de connaître le nom de cet archiduc d'Autriche. Mais lorsque la guerre éclata en 1914 et que le portrait de l'Archiduc héritier assassiné à Sérajévo (Serbie) parut dans les journaux, j'eus, comme je l'ai encore, la certitude absolue que cet archiduc, auquel j'avais serré la main chez Guillot, était bien l'héritier du trône d'Autriche, voyageant incognito, connu, cependant, de la plus haute aristocratie française.

XIX

De Chaslon-Roussel au fluide
communicatif

Le lendemain donc, je me rendis à Chaslon-Roussel, dans ce palais de Biarritz, qui assurément à cette époque, possédait bien l'intérieur et le confort les plus royaux qu'on puisse imaginer, contrastant singulièrement, avec la simplicité de ceux qui se plaisaient à recevoir leurs amis et invités avec tant de luxe et d'éclat.

Il est évident qu'on aurait pu taxer de prodigalité, d'orgueil même, une table où huit personnes seulement prenaient leur repas, servies par six valets et le maître d'hôtel en livrée superbe et gantés de blanc. L'on aurait eu grand tort, car ces grandes maisons sont tellement habituées au faste que, le plus simplement du monde, elles y vivent, sachant qu'elles sont obligées de dépenser royalement leurs rentes inépuisables pour le bien de l'humanité.

Et ce dîner, dont il serait impossible d'énumérer les plats ni de vanter la saveur, et cette quantité de desserts les plus variés ne constituaient pas un pur gaspillage, car la plus grande partie de ces mets allaient ensuite soulager les infortunés.

Ce repas d'apparat semblable à ceux de tous les jours,

qu'il y ait ou non des invités, prit fin non sans qu'on ait encore parlé de Bidache. Et l'on servit le café et des Agulas de Oro au grand hall, où le fils de la maison, second prix de piano au Conservatoire de Paris, joua des mélodies qui nous transportèrent et chanta ensuite, d'une petite voix de ténor d'une suavité remarquable, une délicieuse romance, après laquelle la Princesse Murat lui dit de chanter la romance de *Fra Diavolo* : « Je ne puis l'oublier » qu'il disait vraiment très bien.

« Ah ! je veux bien encore, répondit le fils, mais à une condition : c'est que i'ami Achille nous chantera ensuite le : « Vous êtes si jolie » de Tagliafico, pendant lequel les veaux se sont approchés de lui.

Ah ! vraiment, ajouta-t-il, c'est avoir une vraie déveine que de n'avoir point assisté à un tel spectacle ! »

Et je chantai, accompagné par le jeune homme, avec une maëstria qui, dans les fortes, m'enleva. Mais lorsque j'arrivai à la phrase : « Quelle aurore se lève » ce ne fut pas un veau qui leva la tête, mais un cri de veau qui se fit entendre et vraiment si naturel, que la Marquise de Broissia se leva précipitamment de son fauteuil en criant : « Oh ! un veau ici ? Comment a--il pu entrer ? » Et je m'arrêtai, riant comme tout le monde de cette surprise inattendue, moins naturelle cependant que celle du domaine. Elle produisit tout de même son petit effet et nous amusa fort.

Puis, après la romance que je repris et chantai entièrement, la marquise remise de son émotion me dit : « Ah ! combien je voudrais vous entendre au théâtre ! Mais dans un rôle à panache, où l'on dit que vous êtes merveilleux ? »

— Ah ! oui, dit la mère de la Duchesse d'Elchingen, je vous ai vu dans *les Mousquetaires de la Reine* et vous assure bien que je ne vis pas mieux jouer à Paris le rôle d'Hector de Biron. Je dirai même que, malgré sa correction, celui qui le jouait ne semblait pas, comme vous, avoir ce rôle dans le sang. Et Laerte de *Mignon* ? ajouta-t-elle : Ponchard qui le jouait à l'Opéra-Comique, était loin d'avoir votre nature. Il y était propre et voilà tout.

— Ces paroles, ces compliments, répondis-je, venant d'une personne ayant, comme vous, le culte de tous les arts, me vont au cœur, Madame, croyez-le bien. Mais n'exagérez-vous pas ?

— C'est absolument mon impression », répondit-elle avec assurance. Et pour la remercier je baisai sa main chargée de bagues d'une richesse inouïe et d'un art merveilleux.

— Oh oui, ajouta-t-elle encore ; quand vous êtes en scène, vous paraissez posséder un fluide extraordinaire.

Et cette soirée encore merveilleuse prit fin après un tour de valse.

Depuis ce jour-là cependant, je n'entendis jamais parler du fluide que pouvait posséder un acteur. Mais voici trois mois, je dînai avec Cécile Sorel, comtesse de Ségur, la grande artiste, l'incomparable Célimène de la Comédie-Française, ainsi qu'avec le comte de Ségur, son mari, et en compagnie du bon et charmant ami Constant Say et de la splendide chanteuse Mme Davelly, que j'entendis à Cannes dans l'opéra *Madame Butterfly* et dans *la Périchole*, opéra où elle fut merveilleuse (incomparable surtout dans *Butterfly*) j'entendis, ce jour-là, parler de fluide, car au courant de la conversation sur l'art et le théâtre en particulier, Cécile Sorel dit : « Mais tout est dans le fluide que possède un acteur, et vous paraissez le posséder.

— Mais qu'est donc ce fluide ? lui demandai-je.

— Ce fluide ? C'est cette force mystérieuse que possède un véritable artiste lorsqu'il est en scène. Qu'il dise de la prose ou des vers, il sent l'auditoire suspendu à ses lèvres non seulement parce que la pièce l'intéresse, mais parce qu'il prête, malgré lui, une oreille beaucoup plus attentive à un acteur possédant ce fluide communicatif. Il lui tarde même que cet acteur ou cette actrice rentre de nouveau dans l'action de la pièce... Sarah Bernard, dit-elle encore, avait ce fluide et, de plus, du génie, de même que Mounet-Sully et Coquelin aîné.

Talma et Rachel devaient le posséder aussi.

— Et un chanteur ? demandai-je encore à Cécile Sorel.

— Le fluide d'un chanteur n'est que dans sa voix, s'il l'a possède vraiment belle. Mais pour moi, ajouta-t-elle, il ne peut véritablement montrer ce fluide que dans les grands récitatifs chantés, qu'ils soient à volonté ou mesurés. C'est

là que se devine un véritable artiste chanteur qui possède
le fluide. Ce qui n'a jamais été prouvé dans une romance. »

Mais Cécile Sorel, comtesse de Ségur, créature idéale,
doit bien aussi le posséder, ce fluide, elle qui tient ses auditeurs suspendus à ses lèvres, qui attire à elle par son talent
immense des milliers de dollars, qui trouve un Directeur
comme celui du Royal, à Biarritz, qui la paya la très modeste
somme de vingt mille francs, pour dire, durant quelques
minutes, des vers devant un public des plus huppés.

Ah ! oui, en voilà du fluide communicatif et vraiment
rémunérateur !.

XX

Bayonne après Chaslon-Roussel

Qu'avait donc dit la Marquise de Broissia ? Quel esprit lui avait suggéré le désir de me voir sur la scène dans un rôle à panache ? Le fait est que, trois jours après, Lévi, nommé directeur du Théâtre de Bayonne pour la saison 1904-1905, passant dans notre ville pour signer le cahier des charges, me rencontra et me demanda si j'étais engagé.

— Engagé ? répondis-je, mais je ne songe plus au théâtre. Car, sur les conseils d'une grande chanteuse, je l'ai quitté avant qu'il me quitte !

— Quitté, quitté, c'est beaucoup dire. Et vraiment vous ne le devez pas, pas plus que vous ne pouvez me laisser repartir à Paris, afin de constituer ma troupe, sans que j'aie au moins, la satisfaction de vous entendre.

— Afin de m'engager ? dis je.

— Bah ! me répondit Lévi impatient ; voulez-vous bien me faire le plaisir de venir jusqu'à chez Limonaire ?

— Pourquoi pas !

— Je veux vous entendre. »

Et arrivés chez ce brave homme beau-père du charmant aquarelliste Grimard, auquel je dois d'excellents conseils, Lévi me demanda ce que je voulais lui chanter.

— Ce que vous voudrez.

— Eh bien, dit-il en prenant la partition : chantez-moi le final du premier acte de la *Fille du Régiment.* »

Je le chantai. Et après que j'eus atteint quatre fois de suite les quatre octaves, il me dit heureux : « Mais ça y est, ça y est encore ! » tout comme me dit le célèbre Puget après que je lui eus chanté : *l'Eclair.*

« — Et maintenant, me dit encore Lévi, je vais faire savoir au maire Pouzac que je vous engage pour la saison, avec soumission aux trois débuts. Avez-vous une demi-heure d'attente, à me donner ? au Farnié par exemple ? Il est probable que nous signerons un engagement, si toutefois mes conditions vous plaisent. Vous n'avez pas peur de faire une cinquième saison dans votre difficile pays de Bayonne ? ...

— Je n'ai jamais peur ! »

Et Lévi revenant même avant la demi-heure, me dit aussitôt de l'air le plus heureux : « Ah ! vous en avez, j'en ai de la veine, car le Maire, lorsque je lui ai dit que mon intention formelle était de vous engager, m'a répondu : « A-t-il encore un tout petit filet de voix ? Son talent suppléera à tout le reste.

— Mais plus qu'un tout petit filet de voix, lui ai-je répondu, et en s'entraînant un peu, il en ramènera complètement le timbre, vigoureux encore. »

Et l'engagement signé, ayant deux mois pour me préparer, je me mis à recommencer mes exercices sur i et sur é, et débutai au Théâtre de Bayonne dans le rôle de Tybalt de l'opéra *Romeo et Juliette* qui fut pour moi un grand succès, à mon grand ébahissement. J'avais alors cinquante-trois ans.

Une surprise, cependant, m'était réservée pour mon troisième début, que je fis l'avant-dernier jour de la fin de mon premier mois ; bien que j'aie effectué le deuxième dans le rôle de Sylvain des *Dragons de Villars*, je dus jouer ensuite tout le temps sans début, et en demandai la raison à Lévi.

— Ah ! elle est épatante, je vous l'assure. Les abonnés ne veulent vous recevoir que dans les *Mousquetaires de la Reine*. Ah ! ils m'en jouent un sale tour vos compatriotes !

— Mais avec qui, *les Mousquetaires*, dis-je au Directeur ?

— Avec la troupe. La basse et la dugazon sont obligés d'apprendre leur rôle et ce sont deux rôles qui comptent. Ils m'obligent même, par les répétitions que cet opéra va nécessiter, à retarder des nouveautés que je voulais donner au plus tôt. »

Nous répétâmes donc, dix-huit jours de suite, les *Mousquetaires de la Reine*. Entendez-vous bien ? Et au seizième jour le régisseur était encore obligé de dire à la basse : «Mais, vous devez après cette phrase passer à gauche ». Et la basse répondait fort mécontent : « Ce que ça devient rasoir ! Il n'y a donc que des passades dans ces *Mousquetaires*. »

Déjà ces artistes commençaient à n'être plus habitués à interpréter ces pièces élégantes, légères, remplies de belles traditions, ces poèmes dits en vrais comédiens et pour lesquels les anciens faisaient de sérieuses études.

Et, enfin, la représentation eut lieu devant tout ce que Bayonne contenait encore de vrais dilletantes. Mais, de l'avis du public et de la presse, elle fut très mauvaise. J'eus cependant l'heureuse chance d'être épargné, car un grand journal de la localité écrivit : « Comme tout le monde s'y attendait Monsieur Achille Buffier a été le héros de la soirée dans les *Mousquetaires de la Reine*. Il a été admis à l'unanimité par les abonnés, qui avaient exigé, pour le revoir sans doute dans ce rôle, ce troisième début dans cet opéra, car Monsieur Achille Buffier possède les deux qualités indispensables au théâtre : la voix et le geste. »

Et ces éloges (après cinq saisons théâtrales qui ne comptaient pas moins de trente mois de représentations, durant lesquelles furent au moins chantés une centaine d'opéras différents, sans compter les six ou sept opéras à grosse cavalerie musicale, qu'on sert depuis à tous les publics et qui sont *Manon, Werther, Thaïs, la Tosca* et deux ou trois autres), ces éloges, dis-je, me furent à nouveau décernés, lorsqu'on joua vingt-quatre fois de suite la grande revue intitulée : *Pot Ana* et dont les auteurs étaient le Docteur Lascoutx aujoud'hui Général et l'ami Georges Périé.

Ah ! cette revue magnifique , spirituelle au possible, à laquelle tout Bayonne et les environs ont assisté, me donnait chaque fois qu'on la jouait une terrible émotion, car je craignais toujours que quelqu'un criât : « Ce n'est pas vrai ! » quand le compère et Laurence disaient sur la scène du Théâtre de Bayonne : « Ah ! le théâtre ! Te souviens-tu des débuts d'Achille Buffier ? Quel chanteur, quel diseur, quel acteur, quel superbe mousquetaire !» Et le compère (*Oyarzun*) m'imitait en disant la phrase des *Mousquetaires* : « Non, Messieurs, la plus belle est celle que j'aime. Je ne la nomme pas, mais je me bats pour elle. Donc, en garde, Messieurs ! » Et il s'écriait encore : « C'est le meilleur second ténor léger des premiers, que nous ayons entendu à Bayonne. On ne l'a jamais remplacé et on ne le remplacera jamais. »

XXI

Monte - Carlo

De « la Napoule » au Rétablissement de la filière des rouges et des noires avec adjonction des lignes horizontales

Après ces spectacles donnés à Bayonne et qui me parurent de vraies joies, il me prit fantaisie d'écrire mon livre intitulé : « *Bayonne en l'an* 2015 » qui parut en 1908.

Mais à peine avait-il paru qu'une occupation bien différente vint me mettre hors d'état d'en écrire un second. Lorsqu'on a l'heureuse chance de passer de bons moments dans des maisons aussi intéressantes et aussi sympathiques qu'une de celles dont j'étais l'hôte assidu, il faut toujours s'attendre à d'agréables surprises !

Celle-ci se présenta un jour grâce au grand docteur M. qui passait ses meilleurs instants dans cette propriété, où fort souvent, après le repas, nous faisions des expériences sur le trente et quarante et la roulette. Fort étonné des résultats obtenus, il ne put s'empêcher de s'écrier un jour : « C'est très curieux : ces calculs commencent à m'intéresser beaucoup ».

Il s'agissait de démontrer que la correction de l'anté-pénultième, possédait un défaut qui est le un-trois, c'est-à-dire une noire et trois rouges, ou une rouge et trois noires et que ce seul défaut pouvait, à l'occasion, engendrer le un-trois dont on se servirait de façon unique, en plaçant verticalement une rouge et trois noires, ou une noire et trois rouges et sans discontinuer sur une même ligne et verticalement. Quant au surcroît de couleurs inutiles à la formation de la figure un-trois, il fallait le placer sur une seconde ligne, bien verticalement aussi, et se servir de mises s'élevant à cent cinquante-trois unités de vingt francs chacune, qui font trois mille soixante francs, somme nécessaire à l'époque pour le trente et quarante. L'on pouvait toujours, en cinq heures et demie de temps doubler le capital, c'est-à-dire gagner la somme de trois mille soixante francs. L'unité serait-elle même de cent francs qu'on pourrait doubler le capital, le maximum étant de douze mille francs. L'on pourrait donc ponter au quinzième coup de la progression, trois mille neuf cents francs. Mais cela n'a lieu que fort rarement.

Quant au bénéfice acquis on ne peut l'exposer car il ne fait point partie de celui engagé...

Ce charmant docteur M., mandé à Paris par ses belles cures, revint huit jours après, avec le prince Guy, heureux de connaître et de voir pratiquer ce un-trois.

Celui-ci me téléphona à Bayonne, et je fus content de le revoir, lui ayant été présenté, deux ans auparavant, par le duc de Morny et par son frère Serge, d'excellente mémoire. Et, sans perdre de temps, il me dit aussitôt : « J'arrive d'Arcachon et suis venu pour voir cette grande machine.

— Mais prince, lui répondis-je, quelle grande machine ?

— On m'a dit à Paris, qu'elle était de toute première force et si vous voulez bien, nous irons par la route demain, à Saint-Sébastien, histoire d'y faire un bon déjeuner ; nous éprouverons ensuite ce moyen de gagner au trente et quarante.

— Je veux bien dis-je ; mais, vous n'ignorez pas, que ce mode de jeu, n'a jamais vu le tapis vert d'aucun Casino.

— Je le sais dit le Prince. »

Et, nous voilà partis le lendemain matin, avec le bon docteur. Nous déjeunâmes fort bien et nous nous mîmes à l'œuvre. La partie cependant fut un peu dure, car il y eut plusieurs trente et un qu'il fallut doubler, car on ne pouvait comme à Monte-Carlo, s'assurer contre le refait ; mais nous sortîmes tous trois, dans le temps indiqué, avec trois mille francs de bénéfice. Le capital exposé fut donc doublé en cinq heures et demie de temps. Et il en fut ainsi, jusqu'au jour, où les séances durent être interrompues à cause du décès du père du prince et du départ subit de son fils, que je revis plus tard à Monte-Carlo et à Cannes. J'y séjournai, en effet, assez longtemps, grâce encore à un subit changement de décor, qui s'effectua durant un thé, offert à *Primevèra*, par la princesse Jean Ghika, qui habita pendant des années, la villa *la Terrasse* à Biarritz.

Cette réception fut charmante.

Un très grand sculpteur, génial même, et de plus homme du monde accompli, possesseur, non loin de Cannes, du superbe château historique de « *la Napoule* » flanqué de deux tours du onzième et douzième siècles me demanda d'un ton charmant, si je voulais lui consacrer huit jours seulement « Je veux et je dois faire votre buste ajouta-t-il ».

Il est évident, qu'ayant tant entendu parler de son immense talent, je ne pouvais décliner pareille offre.

— Je vous attendrai donc lundi à déjeuner, me dit-il en m'observant beaucoup et nous étudierons la pose que vous prendrez. »

Ce buste de grandeur naturelle, fut et reste toujours un pur chef-d'œuvre, de l'avis de tous ceux qui en ont admiré l'exécution. En dehors de ce succès, le sculpteur gentleman pouvait et on l'a dit bien souvent, se mesurer avec les plus grands artistes présents et à venir. Il me demanda encore si un tout autre genre de pose, me plairait.

« Mon Dieu oui, répondis-je. Mais dans l'épanouissement.

— Oh ! oui dit-il fort satisfait. Et nous l'appelerons l'Épanoui. »

Et il fit aussi ce nouveau buste de façon merveilleuse. Car de hauts personnages, artistes dans l'âme, l'ont vu et ont très clairement dit : que voir ce buste et le génie que son exécution reflète, vaut à lui seul le voyage au château de « *la Napoule* ».

Le sculpteur lui-même m'a dit un jour que ce buste seul nous immortalisait à tous deux. Malheureusement il est bien caché ! Souvent, j'en ai demandé une copie en plâtre, mais je n'ai pu l'obtenir. Il devrait la faire pourtant, mais il est jaloux de son œuvre et en voici la preuve. Il possède tout près de la cour d'honneur du château un atelier superbe, un vrai salon d'artiste, et l'endroit où se trouve l'Épanoui est une armoire bien close, sise dans ses appartements, tandis que d'autres bustes sont dans son atelier, à côté de nus grandeur naturelle. La grande statue de bronze « *Humor Mystic* », admirable chef-d'œuvre de ce grand sculpteur, figure même sur son socle, orné de cent têtes les plus étourdissantes, reposant sur le sol au beau milieu de la cour d'honneur du Château, flanquée de ses deux tours, bien séparées.

Mais ce grand sculpteur qui a nom Henri Clews, ne sculptait pas toujours. Il écrivait aussi, comme aujourd'hui encore de grands et beaux volumes. Il recevait la plus belle société de la Côte d'Azur. Et de quelle façon la recevait-il ? Je n'en citerai qu'un exemple parmi tant d'autres : ce jour où il offrit un merveilleux dîner à l'occasion de la fête de son père. Je fus ébloui, non seulement par l'apparat déployé, mais par les richesses dont les dames étaient parées, surtout Madame. Je croyais cependant, avoir vu quelque chose, quand je vis à Paris en 1872 et au théâtre des Variétés, Hortense Schneider dans *la Perichole*, en robe blanche constellée de diamants et à son cou, à ses bras et à ses doigts, un collier, des bracelets et des bagues aveuglant les spectateurs et d'une valeur, disait-on alors, de six à sept millions de francs. Mais ils étaient bien gardés aux coulisses, et dès qu'elle était en scène, par deux de ses valets de pied en livrée et un agent de police qui la suivaient aussi, dès sa sortie de scène, jusqu'à sa loge, dont ils défendaient absolument l'entrée....

*
* *

Au château de *la Napoule,* les premiers invités qui se présentèrent, furent un général russe en grande tenue et des dames couvertes de diamants, mais qui m'éblouirent moins, que Madame, qui était parée d'un diadème et d'un collier à plusieurs rangées de perles d'une valeur inouïe. Et, quand je vis encore la grande boucle de sa ceinture sur sa robe de pur brocart datant de Louis XIII, je n'en crus pas mes yeux.

Le lendemain, comme je parlais avec le sculpteur de cette soirée et de tous ces bijoux il me dit : « Qu'auriez-vous dit, si vous aviez vu la Princesse Georges de Grèce, la richissime américaine qui a déjeuné ici, il y a deux jours, ayant à son cou un collier qui valait au moins une vingtaine de millions ? Vous auriez vraiment vu un bijou ».

Durant ce dîner, je me trouvai à côté du général russe, assis à côté de Madame. Elle paraissait émerveillée du charme que déployait le général. Celui-ci, alors, prenait toujours sa main et la baisait avec une tendresse vraiment touchante ce qui faisait croire que ce devait être la mode dans l'ancienne Russie, cette soirée datant de quatre années à peine.

Puis, ces agréables instants se terminèrent par un peu de musique. Déjà néanmoins, pendant le repas, un quatuor exquis peu éloigné de nous, avait fait entendre en sourdine, des mélodies d'une extrême suavité. Ce fut le marquis d'O-rac, qui aurait certainement fait un grand artiste, qui chanta d'une voix de baryton large, bien timbrée et moelleuse, deux berceuses, ainsi que les stances de *Lakmé*, que Madame accompagna magistralement au piano.

Il fallut bien aussi que j'y aille de ma petite romance et l'on me demanda les couplets de : *Maître Pathelin* ce charmant opéra-comique : « Je pense à vous quand je m'éveille ».

Mais, quand au second couplet, j'eus dit : « Je veux, je veux dans mon brûlant délire, dire je t'aime en tombant à genoux » un soupir se fit entendre. Ah ! décidément, me dis-je, jamais deux sans trois ! Le veau, lors de l'aurore, le cri du veau à Chaslon-Roussel et maintenant le soupir au château de la Napoule ! »

Et Dieu sait, ce que le baron d'Ivray me dit à ce sujet, en retournant bien tard à Cannes. Car cette délicieuse soirée se termina par une nouvelle invitation. Une de ces dames nous prit à part en disant à d'Ivray que nous lui ferions un très grand plaisir, si nous voulions, avant de rentrer à

Cannes, nous arrêter un moment chez elle, afin de parler un peu de Monte-Carlo et de ce que j'en pensais, de lui expliquer le moyen de s'y défendre. « Et je sais, me dit-elle, que cette question vous occupe beaucoup. Je désirerais donc, perdant constamment, que vous vouliez bien me dire s'il est vraiment possible d'arriver à gagner. Je sais bien, ajouta-t-elle, que, si l'on est en veine, on gagnera, mais à mon très grand regret, je n'en ai pas la moindre. »

*
* *

Arrivés dans sa splendide demeure et comme l'on continuait à parler de Monte-Carlo, je ne pus m'empêcher de lui répondre que c'était peut-être un grand bonheur qui la déciderait à abandonner le tapis vert.

« Car, lui dis-je, vous aurez beau avoir le courage et employer la force de travail de tous les mathématiciens de l'univers entier, pour trouver un moyen ou même le plus petit défaut d'un système quelconque, dont ils auraient pu tirer parti. Ce fameux un-trois, dont on vous a parlé et que, fort probablement, je suis seul à avoir trouvé, j'en ai moi-même parlé souvent à de nombreux joueurs, à de grands systémiers, à de grands mathématiciens. Eh bien, ils l'ignoraient complètement et ne s'étaient jamais aperçus que la correction de l'anté-pénultième était entachée d'un défaut qui est le un-trois, et que l'on pouvait aisément constituer une grille, en plaçant sur son carnet, bien méthodiquement et verticalement sur une ligne, une noire et trois rouges, ou une rouge et trois noires. Et, en second lieu, en plaçant très méthodiquement sur une seconde ligne parallèle à la première, et toujours verticalement, les couleurs inutiles à la formation de la figure un-trois.

Il est évident, continuai-je, qu'avec cet assemblage de couleurs et une progression l'on a beaucoup gagné ; mais, en se servant de cette méthode, l'on ne peut gagner à mise stirctement égale, les pertes dépassant toujours un peu les gains. Mais à l'aide d'une progression (qui peut sauter, assez rarement cependant, car il faudrait rencontrer souvent une intermittence directe et fort longue, alliée à une série de couleurs semblables à la ligne d'écart, c'est-à-dire à la deuxième ligne, qui reçoit les couleurs inutiles à la formation de la figure un-trois), on pourrait...

— Ah! cher ami me dit la comtesse en m'arrêtant. Vous me parlez basque, atlantidois!... Et si la suite de vos indications est aussi compliquée, aussi insaisissable que celles que vous venez d'exposer, je vous assure bien qu'en les étudiant je deviendrai folle!

D'abord ajouta-t-elle : Qu'entendez-vous par correction de l'anté-pénultième ?...

— La correction de l'anté-pénultième consiste, simplement, à faire sauter tous les coups de deux qui gênent la pénultième, et à passer sans perte, de ces coups de deux ou d'une série d'accolés, (qu'on appelle ainsi lorsque cinq ou six coups de deux se suivent) aux coups intermittents, fussent-ils directs ou indirects, comme dans le rétablissement de la filière des couleurs et cela sans perdre un seul coup.

— Et vous avez trouvé cela ?

— Si l'on veut, comtesse et cela grâce à un petit livre broché bleu et édité en 1804, alors qu'en plein Paris et au Palais-Royal, l'on jouait la Roulette et le trente et quarante avec fureur, puisque, sous Louis XV, la Pompadour perdit de cinq à six millions de francs dans une nuit. Et c'est ce livre bleu, écrit en 1804, époque éloignée d'une trentaine d'années du règne de Louis XV, qui relate ce fait. L'auteur devait être un systémier ou un mathématicien.

Et comment suis-je entré en possession de ce livre ?

Un jour que l'on parlait à Biarritz de l'anté-pénultième, de sa correction, et de la façon dont je m'en occupais, le jeune Bernard ou Boyo d'Arcangues, (ainsi qu'on l'appelait, étant le meilleur garçon qui se puisse rencontrer), s'écria tout à coup : « Mais dans la Bibliothèque de mon grand-père, se trouve un livre bleu où il n'est question que de l'anté-pénultième. Je vais vous le prêter me dit-il et vous l'aurez demain. »

Je consultai donc, ce petit livre bleu et constatai d'abord, qu'il n'y était question que de la pénultième et de l'anté-pénultième, consistant à jouer constamment l'avant dernière couleur sortie, fût-elle rouge ou noire, laquelle, de toute façon, vous fait gagner les séries et les intermittences directes ou indirectes ; mais les cruels coups de deux, qui sont toujours perdus dans l'anté-pénultième annulent votre gain et vous laissent en perte. Et le grand travail auquel l'auteur de ce livre bleu se livra fut de présenter des progressions savantes, afin de gagner tous les nombreux coups de deux, l'intermittence entière et les longues séries. Mais il se trompait, car il avait à compter avec le un-trois, l'ennemi juré de l'anté-pénultième et de sa correction consistant seulement à faire sauter le coup de deux, découverte à laquelle nul n'avait dû songer, car, je le répète, j'en ai souvent parlé à une foule de joueurs, de mathématiciens et de très gros chercheurs dont pas un ne savait de quoi il s'agissait.

Je ne m'étendrai pas sur ce sujet, car la correction de l'anté-pénultième ne peut vous mener à bon port, ni au gain soutenu véritable.

Seul, le rétablissement de la filière de couleurs rouges et noires, qu'avant je connaissais moins bien qu'aujourd'hui, et surtout, le moyen d'adjoindre à ce rétablissement la ligne des entrées et finales, voilà le plus précieux concours, apporté par cette méthode au rétablissement de la filière et au gain à plein jet obtenu à masse égale et strictement égale.

Quant à la ligne des entrées et finales, que j'eus un jour l'idée d'adjoindre à la filière, je la trouvai il y a plus de dix ans et bien par pur hasard. Et voici comment : Prenant mon café dans un établissement de Nice je me dis en demandant de quoi écrire : Qu'adviendrait-il, si je plaçais toujours horizontalement sur mon petit carnet les couleurs sortantes depuis la première rouge ou noire, suivies de plusieurs rouges ou noires jusqu'à la première couleur différente, d'une ou plusieurs couleurs semblables ?

Et ensuite je laisserais la ligne horizontale et irais immédiatement porter la couleur qu'on va annoncer au-dessous de la première couleur de la ligne passée.

Il est certain que si, par exemple, c'est une rouge qui est passée la première et que la couleur annoncée soit une rouge, je la placerai au-dessous de la première rouge étant gagnée, et je marquerai sur mon carnet toutes les couleurs sortantes jusqu'à la noire.

Mais admettez qu'au lieu d'une rouge sortie au-dessous

de la première ligne verticale, ce soit une noire ? Alors, vous placez cette noire qui suit la dernière noire sortie, bien à côté et allez jusqu'à ce qu'une rouge sorte et ainsi de suite. Il adviendra, alors, que les couleurs jouées sur la première ligne devenue verticale se trouveront presque toujours absolument pareilles. Et dans l'adjonction des entrées et finales au rétablissement de la filière, ces couleurs sont les entrées.

Le double « *phénomène* » (ainsi que j'appelle une couleur semblable à celle qui a fermé horizontalement les séries et qui, en réalité, ne doit s'appeler que : jointure,) absorbe un coup qui serait sûrement perdu ; mais on ne peut savoir, quelque travail ardu auquel on se livre, de quoi il est formé et quel coup il absorbe. Et c'est là, le secret des entrées et finales, adjointes au rétablissement de la filière des couleurs. J'ajoute même encore, dis-je, que des milliers de fois, j'ai fait l'expérience de ce phénomène produit par la jointure et la ligne verticale et que, toujours, les couleurs de la première ligne verticale se sont trouvées presque pareilles.

J'en conclus donc que la couleur répétée et couchée horizontalement sur le carnet doit s'appeler : « *Jointure* » et qu'elle est placée tout comme l'hémistiche au milieu d'un alexandrin, ce qui produit ce précieux phénomène. Car ce double assemblage de couleurs semblables englobe un coup, mais on ne peut savoir lequel. J'ai pu cependant réussir, ajoutai-je, à force d'habitude et au moyen de barres tracées horizontalement sur mon carnet, où je marque toujours les couleurs annoncées, car il est impossible de suivre ce jeu-là, si l'on ne marque pas très fidèlement et scrupuleusement même, j'ai pu réussir, dis-je, au moyen de ces barres placées horizontalement sur la ligne initiale du rétablissement de la filière, à placer sous les dites barres, et méthodiquement, les couleurs rouges et noires, que le phénomène indique de placer au-dessous de la première couleur des lignes horizontales. De sorte qu'ayant pris la grande habitude de manipuler le rétablissement de la filière, je ne suis obligé de partir d'aucune couleur passée, pour savoir où se trouve le coup qui est vraiment à sa place, c'est-à-dire on ne peut plus probable gagnant, et de même le coup qui a grande chance d'être perdu.

Il est encore très évident, que tout ceci doit être étudié avec le plus grand soin, afin de bien savoir séparer les deux lignes, pour que les couleurs posées sur l'importante ligne horizontale, puissent venir s'adjoindre à la première ligne initiale et de plus verticale. Et ce travail scrupuleusement accompli il demeure à votre volonté, (sachant quels sont les coups gagnants et perdants probables du rétablissement de la filière avec adjonction des entrées et finales) il demeure à votre volonté, dis-je, de jouer le peu de coups qui se trouvent entre les barres, soit sur les coups gagnants probables, soit sur les perdants, car, quoique vous fassiez, il sera impossible à la banque de vous mettre en minorité et vous lui gagnerez à masse strictement égale, un bon nombre d'unités.

— Ah ! fort bien, s'écria d'Ivray. Et bien comtesse, avez-vous compris ?

— Pas beaucoup, mais j'ai cru cependant comprendre, qu'il fallait étudier chaque ligne séparément.

— Evidemment, dis-je, pensant qu'elle n'avait dû rien comprendre.

— Eh bien, reprit-elle, malgré qu'il soit déjà tard, veuillez donc m'expliquer tant soit peu, la ligne horizontale d'où découle le fameux phénomène.

—Oui, répondis-je. Mais afin d'accéder à votre désir, veuillez donc inventer, ou plutôt forger, une permanence, qui contiendra à peine deux ou trois cents couleurs inscrites au pur hasard, et vous verrez, immédiatement, que par l'arrangement méthodique de ces couleurs placées horizontalement sur le carnet, vous obtiendrez sur la première ligne devenue verticale des couleurs presque toutes pareilles.

— Commençons donc, dit la comtesse, et, s'adressant à d'Ivray : « Je vous en prie, dressez donc cette permanence de trois cents couleurs.

— Mais oui comtesse, répondit d'Ivray, en se hâtant de marquer ces couleurs ».

Et un instant après il dit à la comtesse : « Voilà la permanence dressée au pur hasard et vous allez la dicter.

—Mais dès que vous aurez annoncé une couleur, lui dis-je, attendez toujours que je vous demande la seconde, afin que vous me payez l'unité gagnée, ou que vous enleviez celle qui est perdue. Commencez donc, comtesse. »

Elle annonça une rouge. Je la marquai.

— Et maintenant, me dit-elle, que faites-vous ?

— Continuez encore à nommer les rouges, s'il y en a plusieurs qui se suivent, jusqu'à ce que la noire arrive. »

Et la noire arriva. Je la marquai encore en lui disant : « Eh bien, j'attends maintenant, que vous annonciez une couleur. Si elle est rouge, je la placerai sous la première couleur de la ligne horizontale. Mais si elle est noire, je l'inscrirai à côté de la noire et marquerai les noires jusqu'à la rouge. J'aurai donc, alors, deux entrées et, de plus, deux finales. Et, après leur apparition, je vais immédiatement sous la ligne horizontale, afin de jouer rouge.

Et cette couleur, demandai-je, est-elle rouge ?

— Oui, dit la comtesse.

— Vous voyez donc bien, dis-je, que la première ligne, devenue verticale, se forme déjà, malgré le phénomène qui n'est qu'une jointure de couleurs pareilles, englobant le coup, dont on ne peut jamais découvrir le secret !

— Ah ! tout cela, dit la comtesse, demande une étude sérieuse. Et si vous voulez bien, nous la reprendrons un de ces jours car il est bien tard. »

Il était trois heures et demie du matin. Les valets dormaient debout et nous ne demandions qu'à rentrer à Cannes au plus tôt, après une soirée merveilleuse, mais interminable.

XXII

De Bayonne à tous les Souvenirs

J'ai roulé ma bosse dans beaucoup de pays. J'y ai pu voir maisons, rues, places, palais et cathédrales plus ou moins beaux, et admirer l'art avec lequel ils ont été édifiés. J'ai rencontré, partout, un monde à peu près semblable. Je fais exception pour les Indous, les Chinois, et les Nègres qui peuplent les Antilles et vivent absolument comme s'ils étaient dans leur pays natal, avec leurs mêmes mœurs, vaillants au travail, fort bons commerçants et faisant l'inimaginable pour arriver, par leurs économies, à tenir un petit magasin de denrées et de morues, ainsi que je les vis, aussi, à la Guadeloupe. Les Indous, parias de l'Inde et pour ainsi dire déportés de Calcutta et de Madras, viennent aux Antilles pour travailler la canne à sucre, le nègre commençant à ne plus pouvoir supporter les chaleurs torrides de la Martinique. C'était d'ailleurs un spectacle bien triste de les voir dans les habitations qui leur étaient réservées, accroupis ou couchés sur de gros paillassons, dès que leur dur labeur avait pris fin. Ils portaient des anneaux d'or aux pieds, aux oreilles et aux bras, fabriqués à la hâte et très grossièrement, par leur bijoutier qui bourlinguait comme eux aux champs de canne à sucre.

Mais que tous ces bijoux fussent grossiers, que leur importait? Ce dont ils jouissaient, c'était de voir leur gain changé en or, ou argent et bien en sûreté sur leur corps à demi-

nu ; car ils n'aimaient point les billets de banque, surtout
ceux de la Martinique et de la Guadeloupe, fort différents à
l'époque de ceux que nous manipulions en France . Ils payaient même une assez forte prime, s'élevant pour ces pauvres gens, à dix pour cent de perte, afin de posséder surtout
de l'or.,...

Mais après avoir vu tout cela, j'aime mieux mon Bayonne
auquel je trouve un charme que pas une des villes que j'ai
parcourues n'a pu me procurer.

Ainsi, de la rue d'Espagne, mon plus grand plaisir est
de passer sous l'ouverture voûtée attenant à l'ancienne
tour et de me trouver sur cette place, dépouillée aujour-
d'hui du Palais qu'habita Anne de Neubourg ; de m'ex-
tasier devant la cathédrale, vue de biais, que l'on peut
ainsi contempler du sol aux admirables flèches que j'ai
vu édifier entièrement et qui sont un chef- d'œuvre du
grand architecte Vaudremer. Il me semble, même, assister
encore à la bénédiction des croix les couronnant, couchées
sous la grande nef, sur d'énormes tréteaux. Puis, lorsque
je descends la vieille rue Montaut, une foule de souvenirs
assiègent ma pensée. Et, davantage encore, lorsque passant
bien près du cloître je songe à tous ces prêtres qui y ont tant
médité sur la vie éternelle, sur ce Paradis promis aux bons.
Et je revois aussi ces vieux autels, adossés au mur du cloître, où, enfant, j'assistais à la messe, dite le plus souvent,
pour les écoles, par les abbés Hiriart et Labourt.
Vers 1863, le cloître possédait encore des vitraux qui devaient sûrement dater du siècle où il fut édifié, car certaines
parties en étaient alors bien ébréchées. Cependant si l'on
cherchait bien chez les peintres sur verre qui aiment à conserver des vestiges du onzième, douzième et treizième siècles,
l'on en trouverait sûrement des traces, car il m'a été donné
de contempler et de tenir en main une tête de Christ peinte
au onzième siècle, comme on ne peint plus aujourd'hui, car
le trait couleur terre d'ombre était si merveilleusement exécuté, que le peintre verrier, m'en fit faire la remarque.
Et, descendant la rue Montaut, je m'arrête encore, ne pouvant m'empêcher de jeter un coup d'œil sur les fenêtres gothiques, mais d'un gothique simple, qui font face au mur du

cloître. Puis, lorsque je traverse la petite place à l'air moyenâ-
geux, et que je me trouve devant le porche de la cathédrale qui donne dans la rue de l'Evêché, je suis heureux de goûter à tant de poésie léguée par nos ancêtres. Et aussi, quand
j'aperçois ce Château-Vieux témoin de tant d'anciens souvenirs, unique par sa situation au centre d'une ville.

Descendant encore vers la place Portes, je vois encore
ces réunions publiques en plein air, qui eurent lieu voici près
de vingt-cinq ans, devant une foule innombrable et après
lesquelles et celles de St-Esprit et St-André, l'avocat Joseph
Garat enleva d'assaut, le beau titre envié de Maire de Bayonne et, un peu plus tard, le bâtonnier de l'ordre des avocats
Simonet, celui de premier adjoint au Maire. Ah ! ce Joseph
Garat, je le vois encore, sur cette estrade, faisant entendre
un beau discours, vraiment digne d'un chef de parti, bon,
vaillant, dévoué, aimé, car il l'est vraiment.

Et, après avoir longé l'ancienne Division, chantée par le
bon et érudit Ducéré, qui précisa les dates auxquelles
Empereur et rois y séjournèrent, il m'est bien agréable de
jeter un regard sur ces nouvelles villas pour la plupart
basques, édifiées avec art, sur les emplacements des corde-
ries que je connus enfant et qui m'intéressaient fort.

Quand on descend la large avenue Thiers, un autre
décor commence. Voici notre belle place d'Armes, donnant
sur le port dominé par une citadelle dont les grands talus
verts descendent vers l'Adour. Et, en tournant encore à sa
droite vers la rue Bernède, peut-on voir quelque chose de
plus coquet, de plus élégant, que ce café Farnié le plus
joli de France ? Sa façade étendue autant que ses riches
salons, attirent l'étranger habitué au luxe et au grand
confort.

A qui doit-on la création de ce superbe établissement ?

A Madame Farnié, d'abord, que je vois encore ainsi que son
fils l'avocat et gendre du regretté Cantero. On en doit aussi
l'embellissement constant à Monsieur et à Madame Coua-
que, ainsi qu'à leur successeur, le jeune Grégorio Laborda,
qui méritait bien certainement le magnifique avancement
qui lui est échu, un des plus beaux de Bayonne. Et de ce beau
Farnié, ne voit-on pas la place où gîta le Réduit ? Seule l'é-
chauguette, dominant et l'Adour et la Nive, en a été conser-

vée et la statue du très grand Cardinal Lavigerie y a été érigée.

Ne voit-on pas aussi de la terrasse de ce café Farnié, ce quai Galuperie donnant au Pont-Mayou et sur la Nive ?

Cette vue-là, est bien faite pour enchanter. Elle vous invite à pénétrer par le quai des Corsaires et en longeant le Musée Basque, dans la rue Pontrique, afin de voir les anciennes arcades des rues des Tonneliers et de Galuperie, qui vous disent encore que, jadis, les barques étaient amarrées là, tout comme elles l'étaient aux Arceaux du Port-Neuf.

Les soubassements qu'on eût dit des bancs, allant d'un pilier à l'autre, que je vois encore et où se reposaient tous les vieux tilloliers, n'existent plus, hélas ! depuis quelque soixante ans. Et c'est à déplorer, car les générations, présentes et futures, auraient pu se convaincre, que le Bayonne ancien devait assurément être un petit Venise.

Tout à côté se trouve la rue des Cordeliers, autrefois surnommée rue des Nobles, parce que des descendants des Croisés y habitaient. Et ils doivent y habiter encore, ou peut-être à la rue Bourg-neuf ou à la rue Pannecau, car un coiffeur nommé Lejeune épousa la sœur de celui qu'on appelait le « noble », lui même fils de Mahoune et qui s'appelait : de Renaud de Saint-André. Un des membres de cette famille, maréchal de France, fut tué en 1505 à la bataille de Dreux. Elle se perpétue encore rue des Nobles, par un des descendants de Robert de Béthune, grand preux et chevalier et dont descendit aussi de Béthune-Sully, ministre d'Henri IV, se nommant aussi de Béthune ; ce nom figure sur l'enseigne de son chai ou boutique.

*
* *

Ce fut aussi de la rue des Nobles ou des Cordeliers, que cette fameuse « mascarade blanche », dont on parla tant et qu'on redemanda, partit à travers Bayonne et St-Esprit. Composée d'une quarantaine d'ouvriers vêtus de longues blouses blanches, de pantalons bérets et casques à mèche blancs. Ils portaient, sur leurs épaules, des échelles blanchies, munies de lanternes vénitiennes de même couleur et entre les barreaux desquelles ils avaient passé leur tête.

Ce fut une révélation pour Bayonne, une soirée inoubliable, tant l'effet fut féerique par l'originalité des costumes, du cortège, des chœurs et des soli chantés en langue gasconne, durant tout le parcours.

Ce qu'il y eut aussi de vraiment curieux durant cette mémorable soirée, ce fut de voir des dames de Bayonne suivre le cortège ou se promener dans les rues, vêtues et masquées de dominos absolument blancs et, de même que les hommes aux échelles blanches, traverser le Pont du Génie, prendre la rue Tour-de-Sault, monter le petit escalier qui mène à la rue Passemillon.

Mais, lorsque le cortège arriva sur cette petite place, d'où part également la rue Lagréou, il y eut discussion. Les uns voulaient prendre un autre chemin et criaient en gascon : « Peur que passa à le rue Passemillon é nou, à le baleuye meurdouse ? qui ba aou port dou peuch, é puch aous cïnq cantouns ?

— Nou, nou, répondirent les autres : Que ban passa peur Passemillion, preune un heuïre chés Arangoïts é puch de le rue d'Euspagne, qu'aneran aou port naou. » Pendant ce temps devant l'ancien marché aux poissons et la maison faisant le coin de la rue Passemillon, dont le grand numéro, était aussi éclairé par deux lanternes vénitiennes blanches, ces dames des fenêtres, depuis la Clèque jusqu'à la Borgne, jetaient des fleurs sur les échelles. Et enfin, le cortège blanc, au milieu d'un gaouil épouvantable, de cris de femmes, d'enfants (car l'on s'écrasait) s'engouffra dans la rue Passemillon, où les hommes aux échelles s'arrêtèrent devant chez Arangoïts, en chantant en gascon de fort vieilles chansons et on leur fit passer des verres de vin, sans qu'ils aient besoin de quitter les échelles.

Ce ne fut pas sans peine que la mascarade arriva rue d'Espagne, décorée de lanternes blanches, suspendues aux balcons ; on chantait, on prenait des verres en route jusqu'au Port-Neuf, qui fut traversé entre les deux rangées d'arcades, emplies d'une foule sans cesse grandissante, pour tomber place de la Liberté, très éclairée. Là, des chants gascons furent encore interprétés par les ouvriers blancs et écoutés par un auditoire élégamment vêtu de dominos blancs.

Après ce concert où l'on entendit le grand Labro, basse, Harambillet, baryton, Cazaubon, ténor, Anselme Darolles, Dumoulin et tant d'autres, le cortège traversa le pont St-Esprit et s'arrêta sur la grande place. Là encore ce furent une gaîté, un enthousiasme indescriptibles ! La Caque, Pleuil-de-Peuts, le Pitsou et toute la noblesse Saint-Espritoïe, étaient présents.

Puis, bouteilles et verres, sortirent du café de chez la Baronne. Les hommes les vidèrent en chantant toujours des airs gascons, pendant que dames et messieurs, en domino blanc et méconnaissables, écoutaient en suivant le cortège, qui se dirigea vers le bal de Pïntche-cu, dont on entendait de loin le bruyant orchestre et devant lequel il s'arrêta. On put s'y infiltrer avec beaucoup de peine, au moment où se dansait une varsovienne et où Gertrude Boniface disait au patacaïre Tâchoires qui dansait avec elle : « Et oun bas m'eumbya dap aqueuts grans saouts ? »

— N'ayis pas pou, qu'eut tini plan, répondait Tâchoires, en lui serrant davantage la taille. Un instant après, pendant le quadrille des Lanciers, où le Catsou faisait cavalier seul, en chahutant de la façon la plus désordonnée, un domino blanc se démasqua à demi, afin de gratter son front ; et on put s'apercevoir alors que des dames du meilleur monde bayonnais s'étaient glissées dans ce bal de Pïntche-cu et que celle-là habitait la rue Bourg-Neuf. Mais ce soir là, tout était permis.

Ces gens du beau monde, à la faveur de ce travestissement, purent voir comment les choses se passaient dans le pauvre peuple, privé aujourd'hui de tout ce dont il s'amusait à fort bon marché, sans être obligé de faire toilette. Il n'en faisait pas davantage pour les débuts des artistes au théâtre, soirées souvent orageuses, mais, qui les faisaient travailler et leur donnait le vrai talent, en même temps qu'il instruisait les masses et leur faisait aimer les arts.

Le peuple n'en était pas réduit à voir des roulottes d'acteurs ou d'histrions dans les foires, ou sur les places publiques ; car on ne marche aujourd'hui, qu'avec de longs engagements d'artistes, sans débuts, et c'est l'apparition constante des mêmes premiers sujets, dans ces baraques dorées sur tranche, qu'on appelle théâtres, pour la plus grande perte de l'art théâtral et sa décadence complète.

N'a-t-on pas, d'ailleurs, entendu dire par un Régisseur-administrateur il y a à peine un an, à des machinistes qui rentraient des décors étalés sous le péristyle du théâtre : « Voyez-vous, à moi l'Opéra m'emm… ! Et voilà où nous ont mené les non débuts au théâtre. Donc adieu merveilleuse période théâtrale, qui dura jusqu'en 1898 ou 1900. Les générations présentes et futures te reverront-elles jamais ?…

Et c'est l'art le plus beau, le plus attrayant, le plus intéressant et le plus reposant, qui disparait…

*
* *

Le cortège blanc dissous en Terre Sainte, ainsi qu'on surnommait St-Esprit, depuis plus de 60 ans, devint tout à fait gris, car l'orage grondait déjà pendant la traversée du pont. Une pluie torrentielle, se mit à tomber, qui fit s'emplir de dominos les vieilles arcades de la place, les cafés de la Baronne, de la Citadelle, le passage voûté Ste-Catherine, les étroits corridors, le bal de Pintche-cu archi-comble et où l'on ne pouvait plus faire, le moindre entrechat. Mais on y versait force canons de vin et limonade gazeuse. En somme, beau monde et monde simple se coudoyèrent. On pouvait voir beaucoup d'ouvriers ne faisant pas partie du cortège, en blouse blanche, casquette à visière noire et vernie et en cravate presque toujours rouge, nouée à la fla-fla.

Quant à ceux qui ne purent trouver place nulle part, ils franchirent le pont en une débandade effroyable à décrire, mouillés jusqu'aux os par une pluie diluvienne et tombant, haletants, dans les passages couverts du Réduit, où déjà des échelles, suintant de la pâte blanche par l'eau qu'elles recevaient, reposaient à terre et contre les embrasures de Pla orte de France.

Ah ! quel précieux abri fut ce vieux Réduit, en cette circonstance ?

Eh mon Dieu, comment aurait fini, aujourd'hui, cette soirée avec cet immense espace à traverser à pied, depuis la place St-Esprit jusqu'à l'entrée de la rue Victor-Hugo ? Il y au-

rait eu de quoi attraper le coup de la mort ! Dans mon livre :
« *Bayonne en l'an 2015* » je vois bien à la place de cet ancien
Réduit, un palais magnifique, décoré de muses couvertes de
peaux de biques, comportant un fort grand couloir servant
d'abri, aux gens venant de St-Esprit où y allant.

Je ne crois pas que les générations présentes ou futures,
laisseront cet espace immense, dénudé, exposé à tous les
vents, sans y construire quelque chose qui puisse également
servir d'abri durant les tempêtes. Car l'ancien Réduit fut,
pendant des siècles, un inestimable refuge...

Enfin, une embellie survint et tout le cortège blanc, devenu gris, déboucha vers Mayou et s'écoula en jetant un regard sur les reflets légèrement dorés que la faible lueur de
quelques réverbères projetait encore sur cette vieille Nive.

A cette époque aussi, eurent lieu ces merveilleuses cavalcades composées de tout ce que Bayonne possédait de
plus huppé et qui ne craignait pas de se parer des plus beaux
costumes Charles IX, Louis XIII, Louis XIV et Régence et
de quêter, montés sur des chevaux superbes. J'y vois encore
Elie Suarez vêtu d'un costume d'Andalou d'une grande richesse, ainsi que le fils Ader qui mourut des suites d'un accident de cheval. Et les Charlesteguy, Labat, d'Arcangues,
de Garro, Lacaze, Saubot-Damborgez, tous somptueusement
habillés.

Mais aujourd'hui ce genre de monde n'organise plus ces
cavalcades de Charité. Pourquoi ? Il faut dire aussi qu'il
pouvait y dépenser de fortes sommes. En 1866, l'on nous demanda en classe si nous savions combien il y avait de millionnaires à Bayonne. Les uns répondirent dix, d'autres
vingt-cinq. Mais il nous fut répondu en classe, par le professeur : « Eh bien, mes chers élèves, il y a à Bayonne soixante
et onze millionnaires. » C'était déjà énorme pour l'époque.

*
* *

Que de pittoresques souvenirs dans ce bon vieux Bayonne
(et c'est ce qui en fait le charme) parmi ces rives, ces ponts,
ces cales, dans ce St-Esprit où l'on trouve encore de fort vé-
nérables arcades et de vieilles ruelles loin de l'église si cu-
rieuse.

Combien tous ces précieux vestiges ont de poésie, attestent la quiétude dans laquelle vivaient nos ancêtres si simples et plus heureux que nous, qui sommes obligés après avoir connu la vie patriarcale facile et reposante, de supporter, non sans peine, ce qu'on appelle aujourd'hui : *le Progrès*. Hélas ! Il a bien compliqué l'existence et apporté la gêne dans beaucoup de familles, relativement heureuses avant la guerre, obligées, aujourd'hui, de manger leur petit capital gagné péniblement. L'augmentation démesurée des salaires en est la cause.. Avec elle a disparu le bonheur de vivre pour la somme de deux francs cinquante par jour, couché et nourri ; les travailleurs paient aujourd'hui, pour manger seulement, quatorze et seize francs par jour, sans compter la chambre qui ne leur coûte pas moins de soixante-dix ou quatre-vingts francs par mois, quand, avant cette perturbation, elle n'était payée que douze ou quinze francs par mois.

On n'a davantage pas songé que tous les objets les plus utiles deviendraient fort chers. Et encore avec cette augmentation de salaires, les travailleurs peuvent-ils comme leurs parents et grands parents, mettre de côté, dans l'armoire, entre les draps de lit, quelques bons petits sous, afin de se réserver une poire pour la soif ? C'est douteux. Car les industries qui sont au-dessus de l'ouvrier et qui paient ces fortes journées, sont bien obligées de tirer l'argent de quelque part. Le gouvernement aussi, a dû augmenter les impôts. Mais il faut lui rendre cette justice, qu'il ne l'a fait que progressivement. Et quelle sera la fin de cet état de choses ?

On la voit déjà. L'ouvrier et l'homme des champs ne consentiront jamais à abaisser leur salaire, quel que soit le coût de la vie, eux qui n'ont jamais demandé après l'armistice, l'augmentation de leur salaire, pour cause de cherté de vie ; celle-ci, en effet, n'existait pas alors, car les denrées et tout le nécessaire se payaient encore aux prix d'avant guerre.

Mais il ne semble guère que la vie soit chère. Car notre belle jeunesse, assurément unique en France, n'a jamais été, dans notre bonne ville, aussi huppée, aussi élégante qu'aujourd'hui. Et c'est un véritable bonheur de la voir, un rince-l'œil superbe, qu'on ne peut vraiment se procurer qu'à Bayonne. C'est aussi un véritable plaisir de voir des gens encore jeunes respirant le bonheur, la tranquillité parfaite, l'avenir bien assuré. Et l'on peut le constater, par leur présence dans les grands cafés, les cinémas et dancings, distractions si coûteuses aujourd'hui, de même que dans le nombre d'autos qui sont aujourd'hui l'apanage de beaucoup de gens.

*
* *

L'on se demande pourtant, si, après leur travail, leurs occupations, après le temps employé à toutes ces distractions qui ne laissent pas grand chose dans le cerveau, ils songent à occuper leurs loisirs d'une façon plus intéressante et plus instructive. Ont-ils, par exemple, la passion, ou simplement le goût des arts en général, de la littérature, de la poésie, de la musique, du théâtre même comme il y a quarante ou cinquante ans encore, quand nos parents et grands parents même n'hésitaient pas à quitter famille, table même sans avoir achevé leur repas, pour voir jouer un beau drame, une belle comédie, une *Juive*, un *Prophète* ou un *Domino noir*, interprétés par de grands acteurs, que non seulement ils admiraient, mais dont ils aimaient à s'entretenir. Cela les aidait à vivre, ornait leur esprit, les détachait souvent de l'ennui dans lequel ils auraient pu être plongés et qui les auraient entraînés à vivre dans les cabarets, ce qui aujourd'hui est beaucoup plus fréquent, malgré la grande cherté des boissons.

Par cette façon de mener leur existence, nos grands parents encourageaient les grandes âmes des poètes, des peintres, des musiciens, des acteurs, entretenaient leur feu sacré, les aidaient à conserver leurs douces illusions. Car, autrefois, ces grandes âmes d'artistes n'embrassaient leur carrière que par pure vocation, comme le moine entre au cloître. Les artistes d'alors, ainsi voués au théâtre, n'auraient éprouvé aucun plaisir à déclamer de beaux vers ou à chanter de grands récitatifs d'opéras, devant des spectateurs, tranquillement assis, très élégamment vêtus, certes, ayant éventails et lorgnettes en mains, maisne disant mot durant tout le spectacle et se retirant de même.

Sans s'écrier avec le père Racine : « Comment en un plomb vil l'or pur s'est-il changé ? » on peut dire que si nos grands-papas et mamans vivaient encore, ils seraient stupéfaits de voir leurs descendants si peu épris d'art et de distractions intéressantes, eux qui les aimaient avec passion. Faut-il espérer dans le cinéma ? Celui-ci faute de libretios nouveaux et artistiques, ayant épuisé beaucoup de sujets, se voit obligé à son très grand ennui (les mises en scène coûtant fort cher) de puiser dans les vieux drames, mélodrames, tragédies, opéras même que nos pères ont vu représenter au théâtre par de grands et sincères acteurs, diseurs merveilleux et vraiment pathétiques. Au cinéma, on les voit représenter, par des mimes, qui passent et repassent muets et blêmes, puis disparaissent à chaque instant pour faire place à une toile blanche, sur laquelle se lit l'explication de leur rôle, ce qui ne présente pas un grand attrait ! Et cependant les acteurs de cinéma parlent pendant qu'on les filme, qu'on tourne. Ils se racontent des histoires, des bêtises, s'adressent même des mots fort drôles, puisqu'un jour dans un cinéma et pendant une scène très dramatique, une quinzaine d'enfants sourds-muets, se sont mis à rire de tout leur cœur, pendant une scène très dramatique entre deux amants.

On questionna leur professeur, qui avoua que ses élèves avaient beaucoup ri tandis que le public paraissait ému, impressionné, parce qu'aux lèvres des acteurs, ils avaient lu des gros mots, accompagnés de bêtises.

Mais qu'importait ? Les gogos gobèrent cette scène avec attendrissement, jusqu'à croire que c'était arrivé !

Du jazz-band aussi plutôt déconcertant, musicalement parlant, l'on reviendra peut-être à la danse des œufs, au menuet Louis XV ou à la danse du Balai que les nègres dansent beaucoup ! Il faut bien chercher quelque chose pour que les masses puissent s'étourdir, à défaut de grandes pensées.

Toutefois les dancings ou salles de bal demeureront toujours le salon de réunion des travailleurs et travailleuses. Car c'est surtout là qu'ils font connaissance et finissent par se fréquenter en vue du mariage et de la fondation du foyer.

*
* *

Me permettra-t-on de dire mon mot sur le sport ? Je sais bien que mes idées paraîtront un peu retardataires ! Mais je ne les renierai pas pour cela ! Depuis qu'il est chez nous si en faveur, il n'y a jamais eu dans les conseils de révision au-

tant de réformés et d'ajournés. Ce qui n'est pas rassurant,
pour l'avenir du pays ! Autrefois, et l'on s'en souvient
fort bien, on reformait et ajournait à Bayonne fort peu
de jeunes gens et les trois ou quatre qui l'étaient, ne le
disaient pas. On pouvait admirer de vertes vieillesses, des
hommes âgés mais très droits, magnifiques. Souvenons-
nous des d'Arcangues, du superbe Jules Gommès père,
du grand-père le docteur Lafont, des Russac, (voyez
l'ami Théophile). Et encore parmi des hommes jeunes, l'ami
Constantin au type Louis XIV, auquel il ne manque qu'une
perruque bouclée, un jabot et des manchettes de dentelles,
pour apparaître un véritable seigneur de cette époque. Ce
qui ne l'empêche pas d'être un des grands animateurs du
Musée Basque. Et tant d'autres comme Armand Gommès
droit comme un i, d'une activité extraordinaire en même
temps que d'un grand cœur et sur les traces duquel marche
dignement son gendre André Frois.

Ah ! tous ces vieux Bayonnais, ils ne firent pas de sport,
pour demeurer superbes et bien droits. Ils se contentaient
de ne se livrer à aucun exercice allant jusqu'à la fatigue et
de dormir, autant que possible, leur content de sommeil,
le seul moyen propre à conserver et développer un être humain, car la bonne et abondante nourriture ne compense ni
le sommeil, ni la fatigue morale ou physique.

Et ne voit-on pas encore, à Bayonne, de vieux contempo-
rains droits et alertes, qui, comme sport durant toute leur
jeunesse, n'ont jamais joué qu'au paraclico (jeu de Paris et
Rome) aux barres et aux sautelits ?

Si les jeunes gens d'aujourd'hui peuvent se livrer à ces
sports fatigants à l'excès, qu'ils sachent bien que c'est grâce
à leur jeune âge. Et ils pourraient s'apercevoir, un peu plus
tard, que cela n'a servi qu'à user trop tôt leurs forces.

*
* *

Mais voici que, sans insister davantage sur ces prétendus
bienfaits du sport ces noms que je viens d'évoquer, de quelques bons et aimables Bayonnais, m'en rappellent une foule
d'autres ! Quelques-uns viennent sous ma plume au gré de
ma fantaisie, dans un beau désordre, qui n'est pas, croyez-le

bien, « un effet de l'art » comme le veut ce vieux Boileau !...

Le si bon Président du Bureau de Bienfaisance, Brunet, Bayonnais d'adoption, épris de philanthropie aimé et honoré dans ses hautes fonctions auxquelles il consacre sans compter ses soins et son grand cœur.

Et le premier adjoint au maire, Simonet, avocat de talent, aussi actif que brave cœur. Et ce bon François Doubrère, dont je souhaite le plus prompt rétablissement.Et le ténor Piet qui certainement eût fait, grâce à sa délicieuse voix de ténor et son talent de musicien, un excellent artiste au théâtre . N'a-t-il d'ailleurs pas chanté sur la scène du théâtre de Bayonne et en costume, *Lakmé*, et *Mireille*, aux applaudissements répétés de la salle entière ? Et les trois artistes Oyarzun, Beisque et Juncar, sans oublier l'ami Paulin qui furent excellents dans la revue *Pot-Ana* et qui en firent le grand succès. Et le brave Auguste Dordosgoïty, père de l'entrepreneur de peinture et qui chantait la Tyrolienne comme jamais je ne l'entendis. Je dus même chanter le *Chalet* avec lui, au théâtre de Bayonne, car il interprétait fort bien, de sa voix de baryton, le chant large et soutenu, qui est l'antipode de la Tyrolienne.

Mais la représentation n'eut pas lieu et je n'ai pas su pourquoi et je le regrettai fort.

Un jour, cependant, je le vis en scène, mais sur une place de Saint-Esprit.

Les Saint-Espritoïs, comme on les appelait alors, prenaient un grand plaisir à agacer les jeunes bayonnais qui allaient à leurs foires, voir danser et lutter les ours. Mais à la fin de ces amusements, les Saint-Espritoïs aimaient à narguer les Bayonnais à leur passage. Auguste Dordosgoïty, se voyant apostrophé directement, ôta son veston, le confia à un ami et se mit aussitôt en garde et, du premier coup de poing, fit trébucher le Saint-Espritoï. La lutte s'engagea aussitôt, terrible, et on dut les séparer. Mais Auguste Dordosgoïty, voyant sa chemise en lambeaux, fondit à nouveau sur l'adversaire qu'il laissa sans souffle et mordant la poussière. C'est qu'Auguste Dordosgoïty était un beau et rude gars. Au reste, il n'y a qu'à voir son fils pour en juger.

Et les descendants des Labat, de Larralde d'Iustéguy. Ce baron de Coral et son charmant fils, aujourd'hui possesseur du château d'Urtubie? Une tradition très authentique bien qu'extraordinaire, incroyable, veut que ce château ait été joué.

Ma mère et ma famille me contèrent, bien souvent, que ce fameux château appartenait encore, il y a quatre-vingt-dix ans, à la famille de la Lande et qu'un de ses membres le joua dans une partie de « Monte », jeu espagnol, contre la somme de cinq cent mille francs que mit à jeu un des jeunes seigneurs de Larralde-d'Iustéguy, en pontant sur le Roi et M. de la Lande sur la Zota.

Mais la première des deux cartes à couvrir fut le roi qui sortit.

Les de la Lande avaient donc perdu le château d'Urtubie avec ses dépendances et ils ne tardèrent pas à l'abandonner. Depuis cette époque, les Larralde-d'Iustéguy en ont toujours été les possesseurs et, après eux, les de Coral leurs héritiers par Madame Labat, femme de l'ancien député et maire de Bayonne, née de Larralde d'Iustéguy.

Fait curieux: j'avais à peine douze ans, lorsque je connus un des membres de cette famille des anciens possesseurs du château d'Urtubie, une vieille et très grande dame nommée : du Vignau de la Lande et de Luc. Elle habitait parfois à Bayonne, rue Vieille-Boucherie, et parfois Hastingues dans son château.

Un jour, accompagné de ma mère, j'allai visiter cette vieille dame, je m'avisai de lui demander (c'était le quinze Août, fête de l'Empereur) pourquoi elle n'avait point pavoisé.

— Pavoiser, mon enfant, répondit-elle. Regarde ce portrait (c'était celui du comte de Chambord), Voilà mon roi ! » s'écria-t-elle. Et elle ajouta : « Je ne pavoiserai et illuminerai que le jour de son arrivée à Paris ». Cette grande dame, aux manières les plus Régence, ne parlait et ne commandait à ses domestiques qu'en langue gasconne, dont elle se servait admirablement.

Voici le bon père Esgaris, l'homme le plus sincère et le plus fidèle à ses opinions politiques et autres.

A-t-on oublié la cause de son éloignement du Tribunal Civil de Bayonne ?

Elle prit naissance dans une audience où il souffleta, en plein prétoire, l'avocat adverse avec qui il se battit en duel.

Mais le gouvernement, dans la même semaine, le nomma Préfet de Rochefort et plus tard des Landes et des Côtes-du-Nord, sans qu'il ait jamais fait le moindre stage comme conseiller de Préfecture. Brave homme s'il en fut, et que je vis plus tard Directeur à Bordeaux de l'Institut des Sourdes-Muettes auxquelles il me fit adresser quelques mots. Deux de ces pauvres enfants me répondirent d'une voix peu timbrée, mais en articulant bien. Pauvre et excellent père Esgaris ! Je suis passé souvent à Villefranche de Lauragais où il repose et n'ai jamais manqué de le saluer et de recommander sa belle âme à Dieu.

Et la famille Croste ? entièrement musicienne et dont on ne peut parler sans saluer, avec admiration, celui qui l'illustra et qui fut un de mes professeurs de musique.

C'est comme exécutant qu'il fallait voir cet homme ! Un jour, après m'avoir donné les conseils les meilleurs, il joua au piano l'ouverture de la *Muette de Portici*. Lorsqu'il arriva à la marche triomphale de Mazaniello il m'électrisa, tant sa maëstria et son feu sacré étaient extraordinaires. Plus tard, je compris pourquoi le célèbre Alard lui dit un jour : « Si tu l'avais voulu, tu serais le grand Croste. »

Et ce n'est point le seul qui brilla dans cette famille. Des femmes y furent organistes et je les connus. Il y eut aussi des chanteurs, excellents musiciens, dont le père du c armant docteur Croste, que j'entends encore sur la scène du théâtre de Bayonne, dans le premier acte de *Guillaume Tell*, qui fut donné en 1871 au profit de la libération de notre territoire. J'entends encore sa voix de ténor suave et bien conduite, dans la barcarolle : « Accours dans ma nacelle » qu'il chanta d'une façon exquise et après laquelle le baryton Camiade lui donna la réplique, ainsi que les chœurs composés de tout ce que Bayonne contenait de vrais dilletanti. Ce fut magnifique. Il ne faut donc point s'étonner si le docteur, son fils, est aussi un très pur mélomane. Ne serait-ce pas de l'atavisme ?

Et Félix Campan, cet ami de toujours, cet organisateur de la première représentation de *Carmen* aux Arènes de Bayonne, suivie de la course de taureaux, avec le torero Dominguin qui faillit y laisser sa vie et perdit tout à fait sa superbe cape qui disparut comme par enchantement. Ah ! quel splendide spectacle ce fut ! Et quelle veine énorme il fallut à cet homme, né coiffé, à ce riche inventeur du Baume des Pyrénées, pour qu'elle réussisse au delà de toute espérance, ainsi que cela eut lieu. Car si Dominguin ne fut pas heureux , les artistes le furent, eux, sous les acclamations d'une foule innombrable et enthousiaste.

Mais il fallait toute l'audace de Félix Campan (auquel pourrait appartenir la célèbre devise : « Audaces, fortuna juvat ! ») pour réussir un pareil tour de force ! Il a, d'ailleurs, su organiser les courses de taureaux, en véritable aficionado, car, Espagnol, Félix Campan eût certainement fait un matador, peut-être de « primo cartello » et serait devenu l'émule de Mazzantini, toréador gracieux, élégant et lettré !

Et vingt, et cent autres « types » qui contribuent à faire, de notre cher Bayonne, le séjour le plus agréable, le plus séduisant qu'on puisse imaginer.

*
* *

Et je vais, si Dieu me prête encore vie, continuer à y passer mes jours réglés par le destin, dont la volonté a été de me donner l'existence la plus mouvementée et la plus intéressante qu'un mortel ait pu désirer.

Mais en sera-t-il ainsi jusqu'à la tombe ? Je l'espère et je me dis bien souvent : « Combien me serais-je ennuyé, si je n'avais eu l'esprit très occupé et de façon différente ? »

Je vais même jusqu'à croire que l'occupation, vraiment intéressante, est une condition de longévité.

Quelle douceur aussi de pouvoir, presque octogénaire, conter soi-même le bon vieux temps ; quelle douceur encore si, jadis, vous avez été tant soit peu remarqué par vos talents ou vos mérites personnels, de l'entendre dire par vos parents, fussent-ils éloignés, et par vos amis. C'est déjà là une récompense quasi-céleste, une jouissance que les jeunes se félicitent de procurer aux vieillards redevenant enfants, car les extrêmes se touchent !

Ainsi voyez « Peillic » tour à tour prosateur fantaisiste, à l'esprit pétillant, ou poète aux larges envolées, à l'inspiration riche, profonde et belle ; accueillant aussi autant qu'on puisse l'être ! Ne s'est-il pas avisé de faire revivre un jour le vieil « Achille » ? Je m'en voudrais certainement, si je n'enfermais dans mes « Mémoires », afin qu'elles ne les quittent jamais, les lignes que son excellent cœur m'a consacrées et que voici :

Coups de crayon.

« Si Bayonne a son Ragueneau, elle a aussi son Cyrano. Du célèbre Gascon, « Achille » a toujours eu et garde encore, malgré les années, la fière silhouette. Grand, très droit, portant beau, la tête rejetée en arrière sous le feutre en bataille ; de petits yeux pétillants ; nez au vent.

« *Et quel nez, Messeigneurs, Quel nez que ce nez-là !* »

Sous la moustache de mousquetaire, une bouche gouailleuse et nullement féroce, malgré la forte proéminence de la machoire inférieure. Chic inimitable pour porter la cape,

« *Cape que par derrière avec pompe l'estoc
Lève comme une queue insolente de coq* ».

Démarche noble, cadencée, très « théâtre ». Comme le héros de Rostand « Achille » eut de multiples talents.

« *Rimeur, bretteur, physicien, musicien* »

disait-on du premier.
Peintre, écrivain, rêveur, diseur, acteur, chanteur, peut-on-dire du second.
Son pinceau traita le paysage avec un goût et un « métier » que l'on pourrait souhaiter à plus d'un professionnel !
Sa plume alerte se mit, voici quelque vingt ans, au service de sa fantaisie un peu folle de rêveur, de sa douce philosophie de Bayonnais amoureux de sa vieille ville et « Achille »

écrivit *Bayonne en l'an deux mille quinze* (Biarritz, Imprimerie Piche et Soulé », rue du Château, 1908) qui est
moins une anticipation qu'une revue attendrie de cent « types » Bayonnais aujourd'hui disparus...

Mais c'est comme acteur, c'est comme chanteur qu'« Achille » est surtout connu et mérite la vedette parmi nos gloires
locales.

Doué d'une voix exquise de ténor léger, comédien jusqu'au
bout des ongles, à Toulouse, à Bayonne et en moult autres
lieux, il joua le répertoire d'opéra-comique et, à l'occasion
d'opérette, avec autant de conscience que de verve et que
d'incorrigible fantaisie.

Qu'il chantât le Madrigal de « Mignon » ou la Sérénade
de « Paillasse », qu'il parut en « Mousquetaire de la Reine»,
en « Faust », ou sous le costume de velours blanc à crevés
de satin du roi de « Don César », il resta toujours « lui »,
l'inimitable « Achille »!

Personne n'a clamé avec autant de majesté le « Croyez-
bien, Monseigneur, que je suis Don César de Bazan », ni
sususré avec plus d'insouciance charmante, dans « Galathée » :

> « *Ah! qu'il est doux de ne rien faire,*
> *Quand tout s'agite autour de nous!* »

Nul, surtout, n'a enrichi le répertoire de tant de trouvail-
les, aussi imprévues que... personnelles. Deux, seulement,
entre mille.

Pour se venger du peintre Achille Zo qui l'avait cari-
caturé (la querelle des deux Achille) ne s'avisa-t-il pas, un soir,
d'adresser au baudet de « *la Fille du Tambour-Major* » cette
gracieuse invite : « Viens, mon petit Zo, mon petit Zo-Zo!... »
Et, toujours sur notre scène, alors que Gugli s'amusait à lui
souffler son rôle des « Mousquetaires » en patois, en espagnol
et en basque, ne s'écria-t-il pas, tout à coup, en ponctuant
sa phrase d'un vigoureux coup de pied sur la « boîte » de
Gugli : « Monsieur, je vous prie de ne me souffler qu'en Français!... »

Et chaque fois, bien entendu, c'était un beau scandale,
c'était la salle en liesse, c'était aussi, pour l'acteur facétieux,
la traditionnelle amende de cinquante francs!

... C'était aussi le bon temps, diront les anciens, l'âge du franc rire pour notre vieux théâtre de Bayonne, dont la pittoresque histoire mériterait tant d'être écrite !...

Parce qu'« Achille » en est un chapitre vivant (le plus riche sans contredit); parce qu'il a toujours su allier à l'esprit endiablé, à la fantaisie ailée, l'inépuisable bonté du cœur — tout comme Cyrano — adressons-lui un de ces larges saluts à sa manière, à la mousquetaire, en balayant le sol du panache, et disons de lui, comme de Monsieur de Bergerac :

« Que c'est le plus exquis des êtres sublunaires ! »

PEILLIC.

*
* *

Merci donc, cher « Peillic », que j'ai vu enfant, bien loin de supposer que vous auriez si brillamment croqué Achille Buffier. Si Dieu m'en fait la grâce, puissé-je, après m'être envolé de mes six pierres brutes, reposant sur quatre piquets de ciment ou de pierre (sépulture que j'envie), vous recevoir Là-Haut et vous y donner encore, la plus affectueuse poignée de main.

En attendant cette heure, je veux m'écrier comme vous dans vos exquis « Poèmes Bayonnais »

Et Vive Bayonne !

ACHILLE BUFFIER.—

TABLE DES MATIÈRES

	PAGES
I. — 1853-1860	3
II. — 1860-65-66	5
III. — 1870. Pendant la Guerre	7
IV. — Paris 1871	11
V. — Du Mathématicien aux communards et à la Lanterne	21
VI. — De Genève à Auguste à la Voltige et à la Rotonde	24
VII. — Des Flandres aux esprits frappeurs et cracheurs	28
VIII. — Faust à Bayonne	36
IX. — La rencontre de Dyanot	41
X. — De Royalty à l'Inconnu	46
XI. — Toulouse : Un enterrement civil	52
XII. — Bayonne ; âne... excuses	54
XIII. — Quatorze mois en Corse	58
XIV. — Anglet, Bayonne, Gugliel	75
XV. — Aux Antilles	78
XVI. — Près du lac Marion. Pauvres bêtes	92
XVII. — Bidache	94
XVIII. — De l'arcade de chez Guillot à l'archiduc d'Autriche	97
XIX. — De Chaslon-Roussel au fluide communicatif	102
XX. — Bayonne après Chaslon-Roussel	106
XXI. — Monte-Carlo : de la « Napoule » au Rétablissment de la filière des rouges et des noires avec adjonction des lignes horizontales.	109
XXII. — De Bayonne à tous les Souvenirs	120

Bayonne, Imprimerie du Courrier, 9, Rue Jacques-Laffitte.